Tilman Riemenschneider

kleine bayerische biografien

herausgegeben von
Thomas Götz

STEFAN FRÖHLING / MARKUS HUCK

Tilman Riemenschneider

Meister, Ratsherr, Revolutionär

Verlag Friedrich Pustet
Regensburg

◆◆◆

kleine bayerische biografien

Biografien machen Vergangenheit lebendig: Keine andere literarische Gattung verbindet so anschaulich den Menschen mit seiner Zeit, das Besondere mit dem Allgemeinen, das Bedingte mit dem Bedingenden. So ist Lesen Lernen und Vergnügen zugleich.
Dafür sind gut 100 Seiten genug – also ein Wochenende, eine längere Bahnfahrt, zwei Nachmittage im Café.
Wobei *klein* nicht leichtgewichtig heißt: Die Autoren sind Fachleute, die wissenschaftlich Fundiertes auch für den verständlich machen, der zwar allgemein interessiert, aber nicht speziell vorgebildet ist.
Bayern ist von nahezu einzigartiger Vielfalt: Seinen großen Geschichtslandschaften Altbayern, Franken und Schwaben eignen unverwechselbares Profil und historische Tiefenschärfe. Sie prägten ihre Menschen – und wurden geprägt durch die Männer und Frauen, um die es hier geht: Herrscher und Gelehrte, Politiker und Künstler, Geistliche und Unternehmer – und andere mehr.
Das wollen die KLEINEN BAYERISCHEN BIOGRAFIEN: Bekannte Personen neu beleuchten, die unbekannten (wieder) entdecken – und alle zur Diskussion um eine zeitgemäße regionale Identität im Jahrhundert fortschreitender Globalisierung stellen. Eine Aufgabe mit Zukunft.

Dr. Thomas Götz, Herausgeber der Buchreihe, geboren 1965, studierte Geschichte, Germanistik und Philosophie. Er lehrt Neuere und Neueste Geschichte an der Universität Regensburg und legte mehrere Veröffentlichungen, vor allem zu Stadt und Bürgertum in Bayern und Tirol im 18., 19. und 20. Jahrhundert, vor. Darüber hinaus arbeitet er im Museums- und Ausstellungsbereich.

Inhalt

Einleitung

Hätte er sich als Würzburger Ratsherr im Bauernkrieg 1525 nicht auf die Seite der Aufständischen gestellt, sein Ansehen als Künstler hätte keinen radikalen Bruch erfahren. Dabei hatte Tilman Riemenschneider doch gar nichts von einem *Demagogen* an sich, wie Thomas Mann es formulierte. Weiter heißt es in dessen »Reden zum Zeitgeschehen«: *Ein hohes menschliches und bürgerliches Ansehen hatte der Meister sich in seinem engeren Lebenskreise, der Stadt Würzburg,* [...] *erworben und gehörte ihrem Rate an. Nie hatte er gedacht, sich in die hohe Politik, die Welthändel zu mischen, – es lag das seiner natürlichen Bescheidenheit, seiner Liebe zum freien und friedfertigen Schaffen ursprünglich ganz fern.*

Zur Blütezeit seiner Werkstatt im letzten Jahrzehnt des 15. und im ersten Viertel des 16. Jahrhunderts war Riemenschneider mit seiner Schnitz- und Bildhauerarbeit sowohl konkurrenzlos in seiner Wahlheimat Würzburg als auch mit der Bewegtheit seiner Figuren und ihrer verhaltenen Innerlichkeit, die das Seelische zum Ausdruck bringt, künstlerisch prägend im mainfränkischen Raum. Das Hauptanliegen mittelalterlicher Bildwerke bestand darin, eine Vorstellung von der überirdischen Wirklichkeit der Glaubenswelt zu geben. Den Künstlern ging es überwiegend nicht um den Ausdruck persönlicher Erfahrungen und eigener Sichtweisen, sondern um die bildliche Darstellung religiöser Inhalte.

Tilman Riemenschneider bleibt zwar der Spätgotik und somit dem Spätmittelalter verhaftet, aber seine Werke wie auch die Werke seiner unmittelbaren Zeitgenossen weisen schon einen realistischen, individuellen, subjektiven Stil auf, was nebenbei dazu geführt hat, dass die Namen der Meister bekannt wurden. Riemenschneiders Formensprache ist von einer tiefen Sensibilität und einer sanft-melancholischen Zurückhaltung geprägt – eine Sprache, die etwa bei den von ihm geschaffenen Grabmalen auch auf das Erkennen menschlicher Charaktere setzt.

Mit der Niederlage des Bauernheers war Tilman Riemenschneider wie viele Untertanen nicht nur der Gnade, sondern

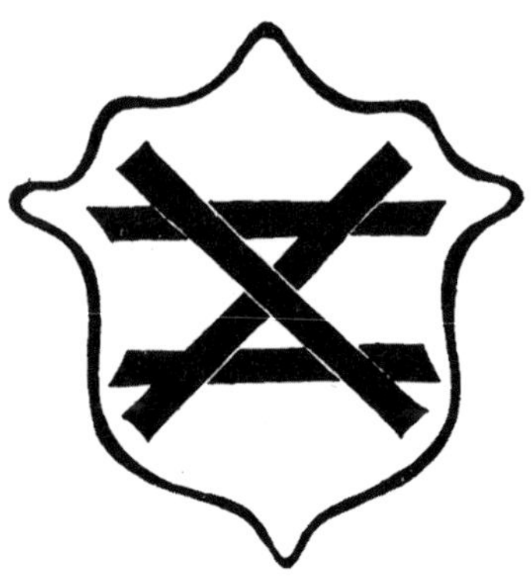

Wappen Tilman Riemenschneiders.

vor allem der Ungnade des Fürstbischofs Konrad von Thüngen ausgeliefert, gegen den der »Gemeine Mann« sich erhoben hatte. Riemenschneider kam zwar trotz Einkerkerung und Folter mit dem Leben davon; doch neue Aufträge blieben danach aus. So geriet er wohl schon vor seinem Tod in Vergessenheit, und erst sein 1822 zufällig aufgefundener Grabstein führte zu einer Wiederentdeckung des Meisters. Der Schriftsteller Max von der Grün schreibt – eingedenk der besichtigten Werke Riemenschneiders in Rothenburg, Creglingen und Bamberg – in seinem autobiografischen Text »Eine Jugend in Franken« dazu: *Riemenschneider wurde für mich zum Meister aller Meister.*

1 Die frühen Jahre

NAME UND GEBURTSJAHR

Die Quellenlage ist nicht gerade ergiebig. Will man sich mit dem Leben des spätgotischen Bildschnitzers und Bildhauers Tilman Riemenschneider näher befassen, ist man demnach immer wieder auf Vermutungen angewiesen. Doch so wenig sich seine Vita genauer dokumentieren lässt, so gut lässt sich sein künstlerisches Wirken erfassen, und zwar mittels der reichlich vorhandenen Kunstwerke aus seiner Hand und seiner Werkstatt.

Während der Blütezeit seines Schaffens, also zwischen 1483 und 1525, war Riemenschneider in und um Würzburg auf seinem meisterlichen Niveau konkurrenzlos und arbeitete für zahlreiche Auftraggeber zwischen der Rhön im Norden, Bamberg im Osten, dem Taubergrund im Süden und Aschaffenburg im Westen. Seine künstlerische Genialität wie auch die seiner zeitgenössischen Kollegen in der Freien Reichsstadt Nürnberg prägten die Bildhauer- und Schnitzkunst der fränkischen und deutschen Spätgotik. Veit Stoß (um 1447–1533), Peter Vischer d. Ä. (um 1455–1529) oder Adam Kraft (um 1460–1509) sind hier zu nennen, die letztlich der moderneren Kunst der Renaissance nicht abgeneigt waren. Dass zu Riemenschneiders Zeitgenossen zudem berühmte Maler wie Albrecht Dürer (1471–1528), Lucas Cranach d. Ä. (1472–1553) oder Mathias Grünewald (um 1475/80–1531/32) gehören, sei zumindest am Rande erwähnt.

Der Vorname »Til(l)« oder die von ihm abgeleitete Koseform »Til(l)man(n)« geht auf den Personennamen »Dietrich« zurück und war in der damaligen Zeit recht beliebt. Auch war es Usus, dass die Vornamen über Generationen in den Familien beibehalten wurden. Daher verwundert es nicht, dass Tilman Riemenschneider denselben Vor- bzw. Taufnamen trug wie sein Vater. Mit der Reformation nahm die Verwendung von Heiligennamen als Vornamen ab. Protestantische Familien griffen stattdessen lieber auf alttestamentliche Namen zurück.

Der Gebrauch von Nachnamen setzte ab dem 13. Jahrhundert ein, was vor allem angesichts der anwachsenden Bevölkerung in den Städten notwendig wurde – und das allein schon aus rechtlichen Gründen, so etwa bei Beurkundungen oder bei der Erstellung von Steuerlisten. Die Familiennamen beruhten dabei oft auf handwerklichen Berufsbezeichnungen oder bezogen sich auf die Region, aus der jemand kam (»Schwab«), resp. auf den Ort, wo jemand wohnte (»Angermann«). Der Nachname »Riemenschneider« (Gürtelmacher) war wie der Vorname »Til(l)« in jenen Tagen keineswegs selten.

Das Geburtsjahr des Sohnes Tilman ist urkundlich nicht belegt und wird nur anhand eigener Angaben aus seinem späteren Leben für die Zeit um 1460 angenommen. Die Eltern Tilman und Margarete stammten aus dem Eichsfeld und lebten damals in Heiligenstadt. Das Eichsfeld liegt im Nordwesten Thüringens und reicht bis ins Hessische und Niedersächsische hinein, mit der seit dem Jahr 973 schriftlich bezeugten Gemeinde Heiligenstadt im Zentrum.

Von der Mutter Tilman Riemenschneiders weiß man kaum mehr als den Vornamen. Von seinem Vater ist bekannt, dass er gelernter Kupferschmied war und wohl eine Kupfermühle besaß, in der sein Sohn bereits als Kind erste handwerkliche Eindrücke gesammelt haben dürfte.

ORTSWECHSEL UND HILFE AUS WÜRZBURG

Heiligenstadt gehörte in jener Zeit zum Erzbistum Mainz. Die dortigen Bischöfe waren zugleich auch mächtige Kurfürsten, die das Recht der Königswahl innehatten. So blieb es nicht aus, dass die Stadt in den kriegerischen Konflikt um die Neubesetzung des Bischofsstuhls hineingezogen wurde, der als »Mainzer Stiftsfehde« (1461–63) in die Geschichte eingegangen ist: Adolf II. von Nassau (reg. 1461–75) konnte sich mit Hilfe des Papstes gegen den vom Domkapitel gewählten Diether von Isenburg (reg. 1459–61) durchsetzen, der jedoch nach dem Tod seines Widersachers nochmals zu bischöflichen Ehren, also zu einer zweiten Amtszeit zwischen 1475 und 1482, kam.

Der Kupferschmied Tilman Riemenschneider hatte als ein Vertreter seiner Zunft vermutlich zur ›falschen‹ Seite gehalten, sodass es für ihn und seine Familie nach der Beendigung der Stiftsfehde ratsam erschien, Heiligenstadt um 1465/66 zu verlassen und nach Osterode am Harz zu ziehen, das politisch dem Geschlecht der Welfen unterstand. Dortselbst hat er gewiss sein erlerntes Handwerk erneut betrieben und ist offenbar zu einigem Ansehen gelangt; denn nach geraumer Zeit wurde ihm die seit dem 13. Jahrhundert in der Stadt bestehende Münzstätte übertragen, die er fortan als Münzmeister zu leiten hatte.

Münzherstellung und Münzmeister

Im Spätmittelalter waren in Deutschland drei Zahlungsmittel bekannt: Die Goldmünzen wurden für den internationalen und nationalen Großhandel sowie für die Geldaufbewahrung verwendet; im Kleinhandel und bei der Lohnauszahlung kam das *Weiße Geld* zum Einsatz, das so hieß, weil es mindestens zur Hälfte aus Silber bestand; die täglichen Einkäufe hingegen zahlte man gewöhnlich mit Kleingeld, das wegen seines hohen Kupferanteils *Schwarzes Geld* genannt wurde. In Süddeutschland waren jedoch auch silberne Münzen (»Heller«) als Kleingeld im Umlauf.

Die Prägung erfolgte in einer vom Münzmeister geleiteten und beaufsichtigten Münzstätte. Im ausgehenden Mittelalter stand dieser als freier Unternehmer mit dem Inhaber des Münzregals – zu dieser Zeit dem jeweiligen Landesherrn oder einer Freien Reichsstadt – in einem Vertragsverhältnis. Als Münzregal (»Regal« = wörtlich »Königsrecht«) wurde generell das Hoheitsrecht eines Herrschers bezeichnet, das die Währungsbestimmung, also das Herstellungs- und Verkaufsrecht der Münzen, umfasste. Zwar verfügten im Mittelalter nur die Kaiser oder Könige über das Prägerecht, aber dieses Recht konnte auf treue Gefolgsleute, etwa untergeordnete Adelsfamilien, übertragen werden. Allerdings dürften manche von ihnen eigenmächtig Münzen geprägt haben.

Zum herrschaftlichen Privileg gehörte auch das Recht auf den Schlagsatz oder Schlagschatz, worunter die positive Differenz zwischen dem Metallwert sowie den Herstellungskosten einerseits und dem Nennwert der Münze andererseits – kurz: der zu erzielende Gewinn – zu verstehen ist. Das Gewicht und der Feingehalt der Münzen wurden zwischen dem Münzherrn und dem Münzmeister in einem Kontrakt festgelegt, denn Gold und Silber wurden immer mit einem Zusatz unedler Metalle verarbeitet. Der Feingehalt bezeichnet dabei den jeweiligen Edelmetallanteil. Eine Verringerung desselben kam einer Abgabenerhöhung gleich. Der vom Münzherrn festgesetzte Münzfuß bestimmte generell, wie viele Münzen aus einer entsprechenden Gewichtseinheit des Edelmetalls angefertigt werden durften oder sollten. Zudem war die Beteiligung des Münzmeisters am Schlagsatz vertraglich geregelt.

Falschmünzern drohten im Mittelalter drakonische Bestrafungen. Die »Peinliche Halsgerichtsordnung« Kaiser Karls V. von 1532 zählt in Artikel 111 drei Münzvergehen auf: Missbrauch des Münzstempels, unerlaubtes Hinzufügen unedlen Metalls und Verringerung des Münzgewichts. Einem Münzmeister, der sich der Falschmünzerei schuldig gemacht hatte, konnte zur Strafe die Hand abgehackt werden. Auch das Sieden und der Feuertod waren als Strafen gebräuchlich. Die Münzverfälschung galt nämlich als ein Angriff auf die Münzhoheit des Herrschers und somit als Majestätsbeleidigung. Freilich führten die Münzmeister in der Regel nur die Vorgaben ihres Herrn aus, mussten jedoch für dessen Verfehlungen den Kopf hinhalten.

Der Vater scheint in Osterode ebenfalls nicht immer klug gehandelt zu haben, denn er hatte sowohl mit persönlichen wirtschaftlichen als auch mit lokalen politischen Widrigkeiten zu kämpfen, sodass er in den Jahren 1471 und 1474 seinen in Würzburg lebenden Bruder um juristischen Rat und tätigen Beistand bitten musste: Nikolaus Riemenschneider verfügte nicht nur als Notar, sondern vor allem in seinem Amt als Fiskal des Würzburger Fürstbischofs über beträchtlichen Einfluss und vermochte somit seinem Bruder zu helfen. Der Fiskal war als leitender Beamter für die Verwaltung der Staatskasse und die Besteuerung zuständig. Nikolaus Riemenschneider war dieses Amt im Jahr 1458 durch Fürstbischof Johann III. von Grumbach (reg. 1455–66) übertragen worden, und er hatte in dessen Nachfolger, Fürstbischof Rudolf II. von Scherenberg (reg. 1466–95), einen sehr tatkräftigen Dienstherrn über sich, der viel für die staatspolitische Festigung seines Bistums unternahm.

Natürlich war ein hochstehender Kleriker wie Nikolaus Riemenschneider aufgrund diverser Pfründe, die an sein kirchliches Amt gebunden waren, gut versorgt. Es gelang ihm darüber hinaus, seinem Neffen Tilman mit einem Altarbenefizium am Würzburger Stift Haug eine solche Pfründe zu verschaffen, die wahrscheinlich der Familie in Osterode zeitweilig das Auskommen sicherte. Vielleicht hegte der Oheim die Hoffnung, dass sich der junge Tilman gleichfalls für eine klerikale Laufbahn entscheiden würde. Die Verleihung eines Benefiziums war damals allerdings nicht an das Sakrament der Priesterweihe gebunden, sondern setzte höchstens die sogenannten »Niederen Weihen« voraus, die lediglich als vorbereitende Schritte zur Priesterweihe anzusehen waren und keinen sakramental verpflichtenden Charakter hatten.

Osterode am Harz

Im Jahr 889 schenkte der ostfränkische König Arnulf von Kärnten (um 850–99) einem Grafen Adalger im Gau »Hlisgo« (»Lisgau«) an der Nordwestseite des Harzes vier Höfe mit Ackerland. Das damalige Gebiet deckt sich ungefähr mit dem heutigen Landkreis Osterode am Harz. Die Bezeichnung »Osterode« weist auf eine »östlich gelegene Rodungsstelle« hin. Später kam das Lisgau zuerst unter die Herrschaft der Grafen von Katlenburg und ab 1106 der Grafen von Northeim, bis es schließlich an Herzog Heinrich den Löwen (um 1130/35–95) fiel. Die am Fluss Söse gelegene *wohlhabende Siedlung Osterroth*, die ihr erstes Aufblühen zwei sich kreuzenden Handels-

und Verkehrswegen verdankte, wurde jedoch 1152 in einer Fehde zwischen Heinrich dem Löwen und Markgraf Albrecht dem Bären von Brandenburg (um 1100–70) stark zerstört.
Die Siedlung ist danach freilich wiedererstanden und erhielt im 13. Jahrhundert das Stadtrecht. Im Jahr 1234 wurde die Ummauerung erweitert, und ab dem Jahr 1238 verfügte Osterode über ein die Stadt regierendes Ratskollegium. Bereits 1233 wird bei der noch älteren St.-Jakobi-Kirche am Neuen Markt ein Konvent der Zisterzienserinnen erwähnt, aus dessen Klosterschule die städtische Lateinschule hervorging. 1263 wird die Stadt erstmals als Münzstätte genannt. Deren Einrichtung bot sich an, weil in der Umgebung erzhaltiges Gestein abgebaut werden konnte. Die Eisenhütten gelangten 1460 in den Besitz der Stadt.
Von 1286 bis 1596 residierte die Grubenhager Linie der Welfen in Osterode. Das Adelsgeschlecht ließ sich das Kloster der Zisterzienserinnen zu einem Schloss umbauen, nachdem die Nonnen es 1558 im Zuge der Reformation hatten aufgeben müssen. Die St.-Jakobi-Kirche diente fortan als Schlosskirche. Im 17. und 18. Jahrhundert erlebten das Tuch- und Schuhmachergewerbe sowie die Wollproduktion eine Blütezeit. Auch das Bier der Region war so berühmt, dass sogar Königin Christine von Schweden (reg. 1632–54) einen Braumeister aus Osterode engagierte. Obwohl die Stadt vom 16. bis ins 19. Jahrhundert mehrfach von großen Bränden heimgesucht wurde, sind noch zahlreiche historische Fachwerkbauten zu bewundern. Die mittelalterliche Burg ist als Ruine erhalten geblieben.

LEHR- UND GESELLENZEIT

Der Sohn des Kupferschmieds war von seiner künstlerischen Ausrichtung nicht mehr abzubringen. Er absolvierte wohl im heimatlichen Osterode eine handwerkliche Lehre, und zwar zugleich als Bildschnitzer und als Steinbildhauer. Die Lehrzeit dauerte in der Regel vier bis sechs Jahre und vermittelte dem Lernenden alle grundlegenden Kenntnisse für die Ausübung des entsprechenden Handwerks. Auch die Zusammenarbeit in einer größeren, hierarchisch strukturierten Werkstatt musste erlernt werden.

Einer solchen Lehrzeit als »Lehrknecht« folgte sodann üblicherweise eine jahrelange Wanderschaft als Geselle, um in den Zentren der jeweiligen Handwerkskunst bei angesehenen Meistern die neuesten Techniken und Stile zu erlernen sowie die künstlerischen Fähigkeiten zu vervollkommnen. Der junge Tilman kam jedenfalls am Beginn seiner Wanderjahre nach Würzburg, und zwar vermutlich bereits 1478, im Todesjahr seines Onkels Nikolaus. Bekannt ist, dass Tilman etwa zur selben Zeit sein Benefizium zurückgab, was seine endgültige berufliche Entscheidung dokumentieren dürfte. Allerdings ist nicht ganz klar, ob der Verzicht auf die Pfründe ursächlich mit dem Tod seines Förderers zusammenhing. Vorweggenommen sei, dass Tilman Riemenschneider in den Jahren 1496 bis 1499 – und längst in Würzburg als Bildhauer etabliert – das Grabmal für den 1495 verstorbenen Fürstbischof Rudolf II. von Scherenberg kunstvoll gestalten sollte (s. S. 64ff.).

Zu Riemenschneiders Gesellenzeit in der Fremde sind keine schriftlichen Quellen überliefert. Nur aus seinen Werken lassen sich rückblickend die künstlerischen Einflüsse erschließen, die sich bald in seinem eigenen melancholischen oder weichen Stil mit den ausdrucksstarken Figuren und realistischen Abbildungen konzentrieren sollten. Neben Erfurt und Straßburg werden von Kunsthistorikern hauptsächlich Ulm, Schwaben und der Oberrhein genannt. Man kann wohl davon ausgehen, dass Tilman Riemenschneider bei den Ulmer Meistern Jörg Syrlin d. Ä. (um 1425–1491) und Michel Erhart (um 1440/45–mind. 1522) gearbeitet und gelernt hat. Am Oberrhein oder auch in Straßburg dürfte er bei Schülern des aus der niederländischen Stadt Leiden stammenden Bildhauers Niclas / Nicolaus Gerhaert van Leyden (um 1430–73) verweilt haben. Ob Tilman als Geselle anschließend bis nach Trier und in die Niederlande gelangt ist, bleibt fraglich. Stark beeinflusst wurden er und andere zudem

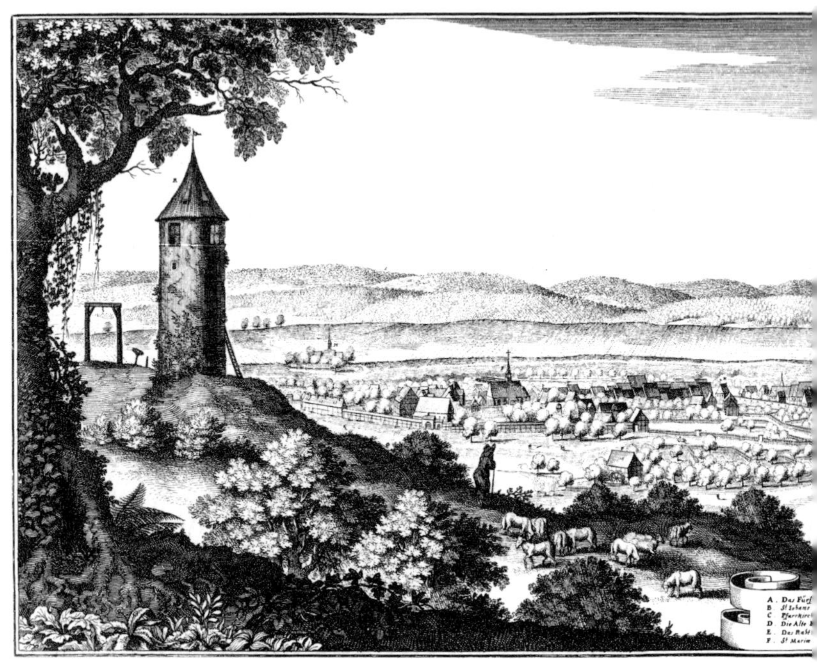

Ansicht von Osterode am Harz. – Stich von Matthäus Merian aus der »Topographia Germaniae«, um 1650.

von den Kupferstichen des in Colmar geborenen Grafikers und Malers Martin Schongauer (um 1445/50–91), deren Motive Riemenschneider sehr wahrscheinlich als Vorlagen für eigene bildhauerische Werke gedient haben.

In der Zeit um 1400 hatte sich der »Weiche Stil« verbreitet, der sich durch die Feingliedrigkeit und höfische Eleganz seiner Figuren auszeichnet. Am meisten kommt diese Stilrichtung bei den »Schönen Madonnen« dieser Epoche zum Ausdruck. Der in Ulm tätige Maler und Bildhauer Hans Multscher (um 1400–67) hat dann den allmählich zur Formelhaftigkeit erstarrten »Weichen Stil« zu einem neuen Realismus hin aufgebrochen. In seinem »Knitterfaltenstil« hat er den Faltenwurf der Gewänder den Gliedern und Bewegungen seiner Figuren angepasst. Obwohl Künstler wie Riemenschneider bereits der nächsten oder übernächsten Generation angehörten, dürften die stilbildenden Elemente ihrer Vorgänger anregend auf sie gewirkt haben,

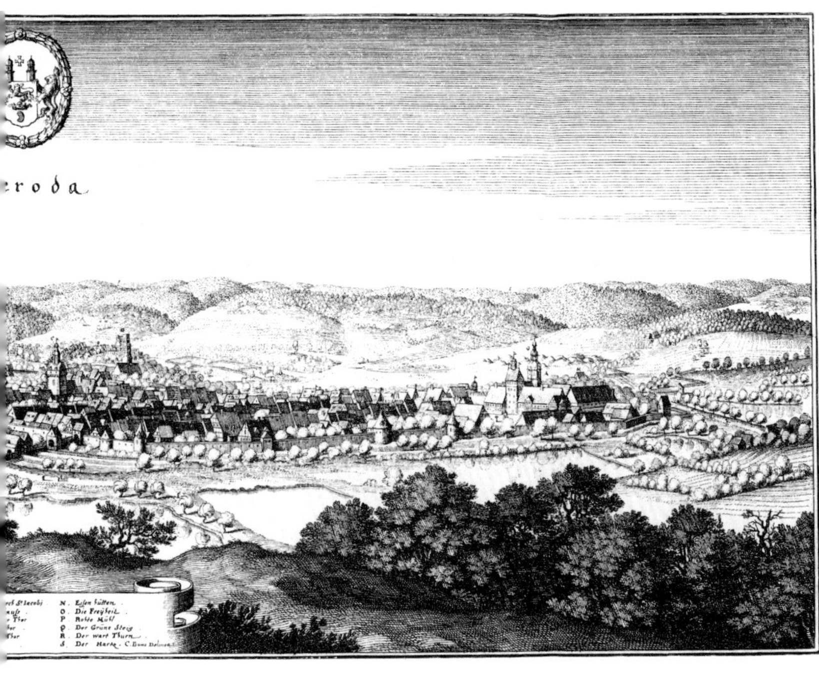

zumal durch die Schüler der Zwischengeneration eine Verbindung zur althergebrachten Kunst bestehen blieb.

DIE BISCHÖFE

Tilman Riemenschneider wird in seiner Würzburger Zeit als Geselle, Handwerksmeister, Bürger, Ratsherr und Bürgermeister der Stadt drei Fürstbischöfen untertan sein. Besonders in seiner Funktion als Rat der Stadt sowie für ein Jahr als Bürgermeister wird er ihnen mehrfach persönlich begegnet sein, zumal Konrad II. von Thüngen zu seinem politischen Gegner werden sollte. Die drei Bischöfe entstammten fränkischen Adelsgeschlechtern.

Fürstbischof Rudolf II. von Scherenberg (geb. 1401) bestieg 1466 den Würzburger Bischofsthron und sollte sein Amt annähernd drei Jahrzehnte innehaben. Der strenge und asketisch wirkende Herrscher starb im April 1495. Von seinem Vorgänger Johann III. von Grumbach (reg. 1455–66) hatte er ein erheblich

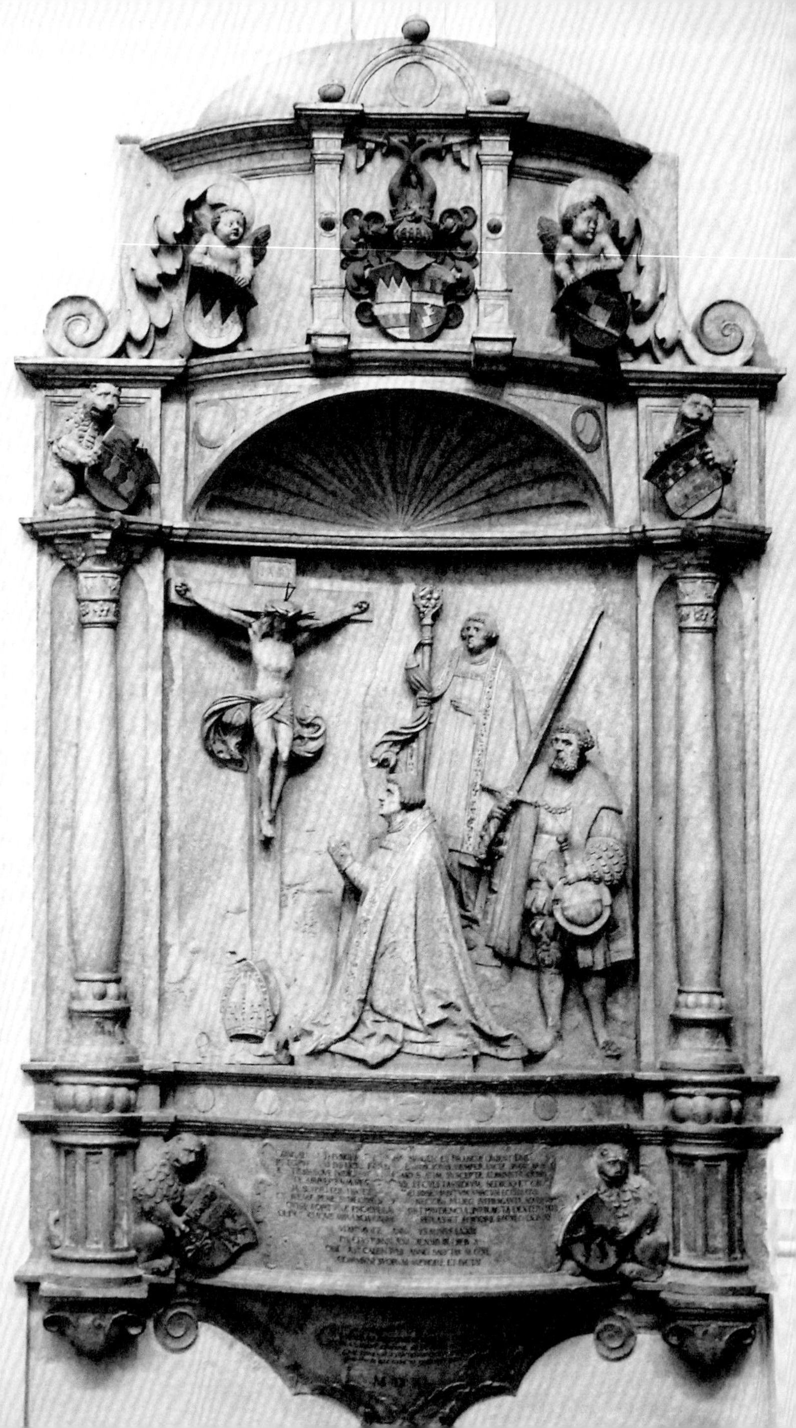

verschuldetes Bistum übernommen, verstand es als überaus geschickter Verwalter aber, die Schulden zu tilgen. 1476 musste er sich mit den revolutionären Ideen des Pfeifers von Niklashausen (s. S. 102) auseinandersetzen, den er als Ketzer auf dem Scheiterhaufen hinrichten ließ.

Fürstbischof Lorenz von Bibra (geb. 1459), der zwischen 1495 und 1519 regierte, war ein feinsinniger Mann, ein umsichtiger Regent und beim Volk durchaus beliebt. Bekannt ist sein Kontakt zu Kaiser Maximilian I. und zu Martin Luther, denn Lorenz von Bibra zeigte sich gegenüber dem Humanismus und einer Reform der Kirche aufgeschlossen. Gleichwohl stärkte er seine Hausmacht, indem er Verwandte in wichtige Kirchenämter berief, und verbesserte die finanzielle Lage des Bistums. Bei Tilman Riemenschneider gab er das Grabmal für seinen Vorgänger sowie sein eigenes Grabmal in Auftrag (beide im Würzburger Dom). Lorenz von Bibra hatte mit dem von ihm geschätzten Bildhauermeister zwar vereinbart, die Entstehung des eigenen Epitaphs in Augenschein zu nehmen, und hat vielleicht gehofft, auch das vollendete Werk noch zu sehen, doch er hat wohl nicht damit gerechnet, dass es der Meister mit den Lieferfristen nicht so genau nahm. Lorenz von Bibra hat somit die Fertigstellung nicht mehr erlebt.

Fürstbischof Konrad II. von Thüngen (geb. 1466) stand dem Bistum von 1519 bis 1540 vor und gilt als ein Regent, der für sich persönlich wenig Ansprüche stellte. Von seiner Amtszeit blieb vor allem die kriegerische Auseinandersetzung mit den Bauern in Erinnerung. Diese gelangten 1525 in die Stadt und belagerten, wenn auch erfolglos, die bischöfliche Festung auf dem Marienberg. Dem Fürstbischof war es jedoch gelungen, diese rechtzeitig zu verlassen. Die Bevölkerung und der Rat der Stadt Würzburg, darunter Tilman Riemenschneider, hatten sich wohl mehrheitlich auf die Seite der Bauern geschlagen. Nach der Niederwerfung des Bauernaufstands hielt Kon-

Epitaph Fürstbischof Konrads II. von Thüngen im Würzburger Dom, um 1540.

rad II. ein grausames Blutgericht in seinem Herrschaftsgebiet. Darüber hinaus wurde der Rat der Stadt spürbar in seinen Rechten beschränkt, der bischöflichen Gewalt also stärker unterstellt.

Bereits ab dem frühen Mittelalter hatte das Gefolge der Bischöfe die Dimension eines fürstlichen Hofes angenommen. Neben dem Gesinde standen zahlreiche meist adelige Hofgeistliche und Berater sowie ausgewählte und spezialisierte Verwalter im Dienste der Fürstbischöfe resp. des Bistums, wie das etwa bei dem Fiskal Nikolaus Riemenschneider der Fall war (s. S. 12f.). Auch eine militärische Besatzung war in der Festung Marienberg vonnöten. Eine solche Hofhaltung konnte daher leicht mehrere Hundert Personen umfassen. Bei der Ernennung der Domkapitulare, die nicht nur unmittelbar für den Dom, sondern zunehmend auch für die Güter des Hochstifts zuständig waren, wurde sehr streng auf eine adelige Abkunft geachtet. Immerhin oblag dem Würzburger Domkapitel seit dem Jahr 1225 die Bischofswahl, womit ein entsprechender Einfluss auf die politische Ausrichtung des jeweiligen Bischofs gegeben war. Ab 1466 waren die Bischöfe in ihren politischen Entscheidungen sogar von der Billigung durch das Domkapitel abhängig.

Die Besitzungen des Kapitels beruhten hauptsächlich auf Schenkungen, die von den Bischöfen oder den Adelsfamilien getätigt wurden. Nicht alle Kapitulare verbanden ausschließlich religiöse Absichten mit ihrer herausragenden Position, denn sie wurden bestens entlohnt. Auch war es nicht ungewöhnlich, dass einzelne von ihnen die Priesterweihe hinauszögerten, damit sie nicht der Ehelosigkeit verpflichtet waren. Zu einem für sie günstigen Zeitpunkt konnten sie somit das Domkapitel wieder verlassen, und sei es, um das Aussterben der eigenen Adelsfamilie zu verhindern. Ein wenig erinnert das auch an das Altarbenefizium, das Nikolaus Riemenschneider für seinen Neffen Tilman erwirkt hatte (s. S. 13). Die Kapitulare residierten in den Domherrenhöfen und somit im direkten Umfeld der Kathedrale.

2 Die Etablierung in Würzburg

EIN STREIT MIT TRADITION

Im Jahr 1483 begab sich Tilman Riemenschneider, etwa im Alter von 23, erneut nach Würzburg. Er hatte vor, nicht nur vorübergehend in der Stadt zu bleiben, sondern sich als ordentlicher und »zünftiger« Handwerker, ja Künstler in Würzburg anzusiedeln. Seine Zeit als Wandergeselle fand hiermit ihren Abschluss. Im selben Jahr war auch sein Vater gestorben. Wann die Mutter verstarb, ist nicht überliefert. Ebenso wenig ist bekannt, ob Tilman sie noch gesehen und ob er vom Vater etwas geerbt hat.

Für die fürstbischöflichen Beamten oder die Geistlichen Würzburgs wird der junge, stattliche Handwerker mit seiner für die damalige Zeit beachtlichen Größe von 1,85 m kein völlig Unbekannter gewesen sein, denn so mancher von ihnen wird sich vermutlich an den Neffen des bischöflichen Fiskals Nikolaus Riemenschneider erinnert haben. Es ist durchaus anzunehmen, dass dieser Bekanntheitsgrad später, als er Meister geworden war, beim Erlangen der ersten Aufträge hilfreich gewesen ist.

Die Stadt, in die er kam, unterstand weitgehend der bischöflichen Herrschaft. Das gestiegene Selbstbewusstsein der Stadtbürger, der Kaufleute und der Handwerker war seit dem Spätmittelalter zwar auf mehr Eigenständigkeit hin ausgerichtet, aber den Würzburger Bürgern war es schon vor Zeiten endgültig misslungen, das Privileg einer Freien Reichsstadt zu erhalten. Sie hatten im Jahr 1400 eine blutige Niederlage hinnehmen müssen, als das Heer des Bischofs Gerhard von Schwarzburg (reg. 1372–1400) die städtischen Truppen in Bergtheim (nordöstlich von Würzburg) vernichtend geschlagen hatte. Infolgedessen verloren der Rat der Stadt sowie die Zünfte grundlegend an politischer Bedeutung.

Der Streit zwischen der Stadt und ihren Bischöfen blieb jedoch bestehen und ließ sich sogar weithin sichtbar im Stadtbild ablesen, denn die bischöfliche Festung Marienberg auf der Anhöhe stand der Stadt im Tal mitunter drohend gegenüber,

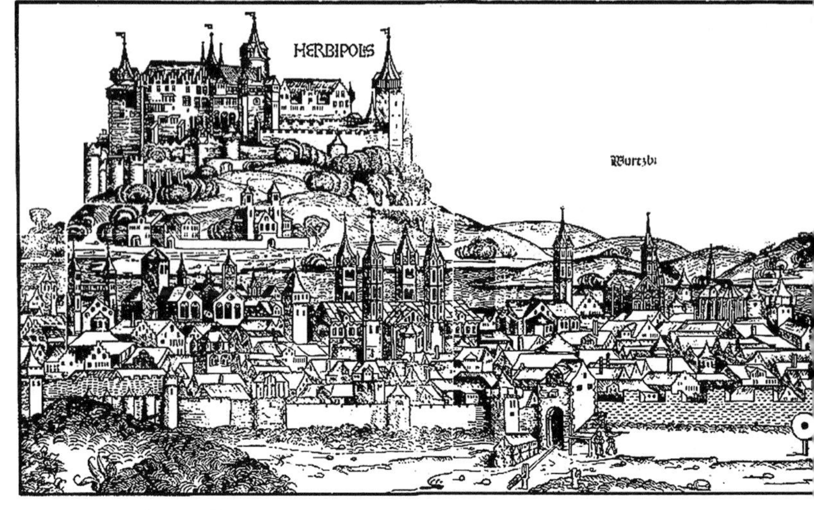

Ansicht Würzburgs. – Holzschnitt aus der Schedel'schen Weltchronik, Nürnberg, 1493.

nur getrennt durch den Main. Während des Bauernkriegs 1525 sollte der Konflikt wiederum gewaltsam ausgetragen werden (s. Kapitel »Der Bauernkrieg von 1525«, S. 80ff.).

In einer Urkunde des Jahres 1373 waren für Würzburg 37 Zünfte aufgeführt, wovon allein zehn auf den Weinanbau als wichtigen Wirtschaftszweig bezogen waren. Ihre nach 1400 in der Stadt nicht mehr vorhandene politische Autonomie hatte die Vertreter der Handwerker jedoch gezwungen, sich in »unverdächtigen« religiösen Bruderschaften zu organisieren.

Die Einwohnerzahl Würzburgs zur Zeit Riemenschneiders wird sehr unterschiedlich angegeben. Die Schätzungen reichen von 5000 bis 10 000. Zudem ist zu bedenken, dass Ende des 15. und Anfang des 16. Jahrhunderts mehrmals die Pest ihren Tribut forderte. Nürnberg oder Augsburg hatten – als Reichsstädte und an wichtigen Handelsrouten gelegen – zur selben Zeit bereits 20 000 Einwohner. Vor und nach der Schlacht bei Bergtheim waren Würzburger Kaufleute daher in bestehende Reichsstädte umgezogen.

Reichsstädte

Etliche der im Mittelalter auf einem Königsgut neu gegründeten Städte unterstanden als »Reichsstädte« direkt dem König, wobei dieses Recht vielfach auf den Kaiser übergegangen ist. Diese Städte waren somit »reichsunmittelbar«. Sie verfügten über eine eigene Verwaltung und eine eigene Gerichtsbarkeit, mussten nur an den Kaiser Abgaben entrichten und nur ihm militärische Dienste leisten. Städte, die von einem König auf kirchlichem Gebiet errichtet worden waren, unterstanden einem Bischof, dem ein Vogt als königlicher Stellvertreter beigeordnet war. Diese Städte hießen »Reichsvogteistädte«. Einigen Städten glückte es durch die Erlangung entsprechender Privilegien allerdings, sich sowohl von der kaiserlichen als auch von der kirchlichen Herrschaft zu befreien, sodass sie weder Steuern abführen mussten noch eine militärische Gefolgschaft zu leisten hatten. Sie konnten sich gänzlich selbst verwalten und wurden als »Freie Städte« angesehen. Da sich die Reichsstädte und die Freien Städte in ihren Sonderrechten mehr und mehr annäherten, wurden sie schließlich als »Freie Reichsstädte« bezeichnet.

NACH ZÜNFTIGEN REGELN

Tilman Riemenschneider blieb vorläufig Geselle, denn für die erstrebte Meisterwürde mussten einige Bedingungen erfüllt sein. Selbst ein so herausragender Künstler wie er galt in erster Linie als Handwerker – und als solcher hatte er außer den absolvierten Lehr- und Wanderjahren die Mitgliedschaft in der für seinen Handwerkszweig maßgeblichen Würzburger Bruderschaft resp. »Zunft« aufzuweisen (s. S. 25).

Darüber hinaus war es erforderlich, dass der zukünftige Meister ein Bürger der Stadt wurde. Man wird es seitens der Bruderschaft dem Gesellen Riemenschneider wohl nicht erlassen haben, ein Meisterstück zu präsentieren sowie auf eigene Kosten die Meisterprüfung abzulegen. Solches war durch eine Regelung innerhalb der Bruderschaft festgelegt.

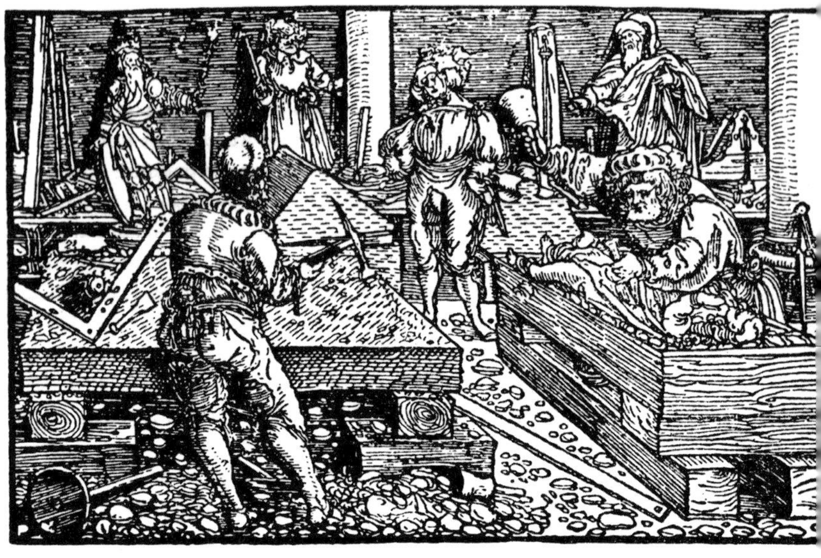

Darstellung einer Bildhauerwerkstatt. – Holzschnitt aus dem »Trostspiegel« des Petrarca-Meisters, Frankfurt am Main, 16. Jahrhundert.

Ganz entscheidend aber war, dass ein Geselle in einer bereits bestehenden Werkstatt – und nur auf diese Weise – die Nachfolge eines Meisters antreten konnte. Dadurch ließ sich die Zahl der Werkstätten begrenzt halten, um sicherzustellen, dass alle Meister ihr Auskommen hatten.

Einem Handwerksgesellen blieb daher gar nichts anderes übrig, als in eine Werkstatt einzuheiraten, indem er die Tochter oder die Witwe eines Meisters zur Frau nahm. Einer Witwe war es, selbst wenn sie durch eine Erbschaft abgesichert war, auf Dauer gewiss nicht möglich, die Werkstatt ihres verstorbenen Mannes nur mit Hilfe der Gesellen fortzuführen. Doch es gab noch einen weiteren Weg: Der Sohn eines Meisters nämlich hatte die besten Chancen, eine Werkstatt zu übernehmen, ja, ein Sohn oder ein Schwiegersohn konnte mit einer gewissen Bevorzugung durch die Zunft rechnen. Freilich galt auch für den Sohn, dass er verheiratet zu sein hatte, da die Lehrlinge gleichsam wie Mitglieder der Meisterfamilie betrachtet wurden und dort umsorgt werden mussten.

Bald nach seiner Ankunft, genauer: am 7. Dezember 1483, gelang es Tilman Riemenschneider, in die Sankt-Lukasbruderschaft aufgenommen zu werden (s. S. 47f.). Diese in Würzburg 1470 als Gebetsbruderschaft gegründete Vereinigung kümmerte sich als Zunft resp. Gilde um die Maler, Glaser und Bildhauer der Stadt. Hier existierten zu jener Zeit insgesamt 23 Bruderschaften. Lukasgilden gab es freilich auch andernorts.

Die Aufnahme Riemenschneiders und weiterer Gesellen wird in einem zeremoniellen Rahmen stattgefunden haben. Vorab wurden üblicherweise die Zeugnisse und Urkunden des Anwärters in Augenschein genommen, und es wurde darauf geachtet, dass er getauft war und sich zum Christentum bekannte, dass er aus geordneten Familienverhältnissen stammte und dass der Vater einem gesellschaftlich anerkannten Beruf nachging, also z. B. kein Gaukler oder Henker war.

ETAPPENZIEL

Rund eineinhalb Jahre später, nämlich 1485, hatte Riemenschneider alles erreicht: die Rechte eines Bürgers, die Meisterwürde und nicht zuletzt die Eheschließung. Anna Schmidt hieß die Auserwählte. Sie war die Witwe des Goldschmieds Ewald Schmidt, die Mutter dreier Söhne und etliche Jahre älter als ihr neuer Ehemann. Ob es sich um eine gänzlich arrangierte Heirat handelte, ist nicht zu beantworten. Diese Vermählung ermöglichte es Tilman Riemenschneider jedenfalls, fortan als Handwerksmeister einer ansehnlichen Werkstatt mit Lehrlingen und Gesellen vorzustehen, innerhalb der Bürgerschaft aufzusteigen und lukrative Aufträge zu erhalten. Seine Ehefrau Anna hatte mit dem »Hof zum Wolfmannsziechlein« in der Würzburger Franziskanergasse ein beachtliches Anwesen inklusive der Werkstatt mit in die Ehe gebracht. Und so schlecht kann es Tilman mit seiner Frau und seinen Stiefsöhnen hier nicht ergangen sein, denn er scheint sich in diesem Haus, in welchem er bis zu seinem Tod gewohnt hat, wohlgefühlt zu haben. Der Ehe entstammte die gemeinsame Tochter Gertrud.

Schnitzmaterial Lindenholz

Tilman Riemenschneider verwendete für seine Schnitzarbeiten Lindenholz und nur in seltenen Fällen Alabaster oder das Holz des Birnbaums. Obwohl die Zünfte das Material vorschreiben konnten, hatte die Wahl des Holzes vor allem regionale Gründe: Im Norden Deutschlands benutzte man wegen seiner höheren Wetterbeständigkeit Eichenholz, das überdies durch die Holzlieferungen aus dem Osten ausreichend zur Verfügung stand. In Süddeutschland und in den Vogesen wurde das leichter zu bearbeitende Lindenholz als Schnitzmaterial genutzt, näherhin das Holz der großblättrigen Sommerlinde *(tilia platyphyllos)*.

Diese im Norden nicht vorkommende Lindenart wächst außerdem schneller als die kleinblättrige Winterlinde *(tilia cordata)* und erreicht einen größeren Umfang. Zudem schwindet das Holz beim Austrocknen weniger, weshalb die Rissbildung geringer ausfällt. Risse wurden auch dadurch vermieden, dass man die geschnitzten Figuren auf der Rückseite aushöhlte. Das im Vergleich mit dem Holz der Eiche großporigere Lindenholz bot darüber hinaus einen hervorragenden Malgrund.

Die Beliebtheit des Lindenholzes führte beim Ankauf natürlich zu einem höheren Preis, was sich bei den Gesamtkosten der Schnitzarbeit bemerkbar machte. Eine etablierte Werkstatt verfügte über einen ansehnlichen Vorrat an gutem Holz, der allerdings vom Meister vorfinanziert werden musste.

Der Botaniker Hieronymus Bock (1498–1554) bezeichnet die Sommerlinde als *zahme* Linde, die Winterlinde hingegen als *wilden* Baum. Das Holz der Sommerlinde sei *ganz weich und lind*. In früher Zeit wurde den Linden häufig eine mystische Bedeutung zugeschrieben, die sich auch im Volksbrauchtum niederschlug. Nicht zuletzt sei an die Tanzlinden auf den Dörfern erinnert.

Tilman Riemenschneider und seine Werkstatt vermochten, auf Bestellung Werke in Sandstein oder Marmor, in Holz (bevorzugt Lindenholz) oder Alabaster zu liefern. Der Meister verstand es gut, sowohl seine künstlerischen Fertigkeiten als Bildschnitzer wie als Bildhauer in Stadt und Land zu vermarkten. Seine Werkstatt dürfte bereits nach wenigen Jahren ausgelastet gewesen sein. Mit seinem ersten großen Flügelaltar aus Lindenholz, der 1490 bis 1492 für die Pfarrkirche St. Maria Magdalena in Münnerstadt geschnitzt wurde, oder mit den Sandsteinfiguren »Adam« und »Eva«, die im Auftrag der Stadt 1492/93 für das Südportal der Würzburger Marienkapelle geschaffen wurden, war Tilman Riemenschneider als herausragender Künstler hinlänglich bekannt. Der Rat der Stadt hatte sich nämlich entschlossen, die repräsentativen Skulpturen »Adam« und »Eva« sowie nachfolgend weitere biblische Figuren für die Kapelle nicht einem wesentlich etablierteren Bildhauer, sondern dem aufstrebenden und jüngeren Riemenschneider anzuvertrauen. Der konnte es sich zukünftig – auch finanziell – leisten, mit Lieferterminen großzügig umzugehen; denn die Abschlusszahlung erfolgte der gängigen Rechtspraxis nach erst bei der Ablieferung des jeweiligen Werks.

Die Würzburger Marienkapelle

Am nördlichen Rand des in der Altstadt gelegenen Marktplatzes erhebt sich eine der Gottesmutter Maria geweihte Kirche, die zwischen 1377 und ca. 1440 entstanden (Turm: 1441–79) und damals zum größeren Teil von der Bürgerschaft finanziert worden ist. Dieser großmütig wirkenden Stiftung war jedoch ein Pogrom vorausgegangen. An der Stelle des Marktplatzes hatte sich ursprünglich ein jüdisches Stadtviertel und an der Stelle der Kirche eine Synagoge befunden.

Eine jüdische Gemeinde ist in Würzburg für die Mitte des 12. Jahrhunderts bezeugt. Im Jahr 1349 warf man den Juden angesichts der grassierenden Beulenpest Brunnenvergiftungen vor und brannte das jüdische Getto nieder. Lediglich unter der Marienkapelle, die

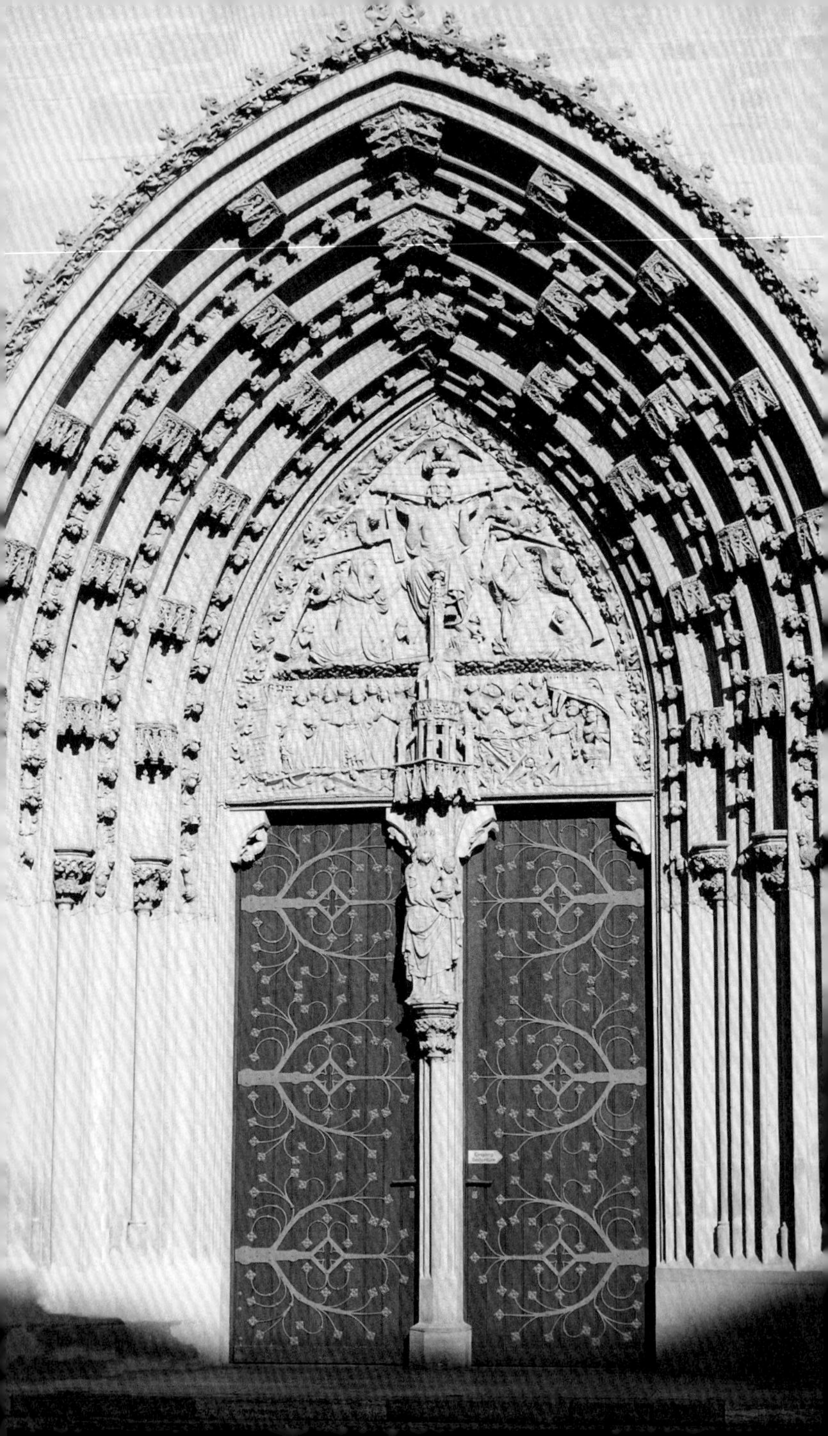

eine kleinere Kapelle als Vorgängerbau hatte, ist eine Mikwe (ein Tauchbad zur rituellen Waschung) aus dem 12. Jahrhundert übrig geblieben. Es war nicht unüblich, an der Stelle von Synagogen Marienkirchen zu errichten, und das Pogrom des Jahres 1349 war weder die erste Verfolgung und Vertreibung der jüdischen Einwohner noch die letzte.

Die von Tilman Riemenschneider für das südliche Portal der Marienkapelle angefertigten Sandsteinfiguren »Adam« und »Eva« wurden Ende des 19. Jahrhunderts abgenommen und 1975 durch Kopien ersetzt. Die Originale sind im Mainfränkischen Museum auf der Festung Marienberg zu sehen.

ZWEI FRÜHE WERKE

Von den ganz frühen Arbeiten, die Riemenschneider zugeschrieben werden, seien mit den Figuren des Ludwig von Toulouse und des Evangelisten Johannes zwei Beispiele genannt. Ihre Entstehung dürfte für die Zeit ab oder kurz nach 1485 anzusetzen sein.

Die markante Gestaltung des späteren Scherenberg-Epitaphs (s. S. 64ff.) deutet sich schon in den greisenhaften Zügen des heiligen *Ludwig von Toulouse* an (Lindenholz). Diese Figur steht auf dem rechten Seitenaltar der Kirche St. Jakob in Rothenburg ob der Tauber. Freilich ist die Darstellung historisch falsch, denn der Heilige starb schon im Alter von 24 Jahren (1297). Der Altarschrein ist aus neuerer Zeit.

Als Frühwerk gilt ebenfalls die Figur des *Evangelisten Johannes* (Lindenholz) in der katholischen Stadtpfarrkirche St. Veit zu Iphofen, die der Meister noch ganz in traditioneller Weise mit farbiger Fassung konzipiert hat. Diese wird von einem eigens beauftragten Maler stammen, da Bildhauern und Bildschnitzern der Zunftordnung gemäß die Fassung ihrer Arbei-

Hauptportal der Marienkapelle in Würzburg. Riemenschneider hat für die gotische Kirche außer den Figuren »Adam« und »Eva« 14 weitere Skulpturen geschaffen.

ten untersagt war. Die feingliedrigen Finger des jünglinghaften Evangelisten fallen besonders auf. Er hält einen Kelch, aus dem eine Schlange aufsteigt. Sie symbolisiert das Gift, das der Legende nach Johannes zugedacht war.

UNTER DEM KREUZ

Neben anderen Altären fertigte Tilman Riemenschneider für das Franziskanerkloster in Rothenburg ob der Tauber durch die Vermittlung des Malers und damaligen Guardians (Vorsteher eines Franziskanerklosters) Frater Martinus Schwarz, der von 1485 bis 1513 in Rothenburg lebte, in den Jahren 1485 bis 1490 einen großen »Passionsaltar« an. Die beiden Künstler standen in engen, vielleicht sogar freundschaftlichen Beziehungen zueinander. Sehr wahrscheinlich hat der ältere Schwarz sogar Einfluss auf die Komposition und auf Details der Schnitzarbeiten genommen und Riemenschneider in seinen Anfangsjahren künstlerisch mitgeprägt.

Leider wurde der Altar 1805 bei der Säkularisation des Klosters abgebrochen. Zwei Figurengruppen und der Kruzifixus, den man heute mit jenem in der evangelischen Pfarrkirche St. Matthäus in Heroldsberg (südöstlich von Erlangen) gleichsetzt, blieben jedoch erhalten. Das Leiden Jesu ist beim Heroldsberger Korpus noch recht zurückhaltend gestaltet. Der Körper des Gekreuzigten erscheint feingliedrig und fast zerbrechlich, die Haupt- und Barthaare sind deutlich herausgearbeitet. Das verleiht der Christusfigur eine zarte Schönheit.

Da die Rothenburger Dominikanerinnen einen eigenen »Kreuzaltar«, der sich heute in der Detwanger Kirche befindet (s. S. 74ff.), wohl nach dem Vorbild desjenigen in der Franziskanerkirche bei Riemenschneider bestellt haben, kann man mittels des Detwanger Altars aus der Zeit vor 1510 Rückschlüsse auf die Ausgestaltung des großen »Passionsaltars« der Franziskaner ziehen.

Die beiden Figurengruppen aus dem »Passionsaltar« werden im Bayerischen Nationalmuseum in München aufbewahrt. Die Gruppe der Trauernden besteht aus Maria, zwei Frauen und dem Jünger Johannes. Schon dieses Frühwerk lässt den seelenvollen Ausdruck erkennen, der für Riemenschneiders Figuren typisch werden sollte. Wieder fällt das Augenmerk auf die fein gearbeiteten »sprechenden« Hände. Die farbliche Fassung steigert die Wirkung der Schnitzfiguren zusätzlich.

Die zweite Figurengruppe, die ein Gegenüber zur ersten bildet, zeigt die Soldatenschar, angeführt vom Hohenpriester Kaiphas. Sein feistes Gesicht weist die Spuren des Alters auf. Mit nach außen gedrehter linker Hand scheint Kaiphas jemanden oder etwas ablehnen zu wollen. Es könnte der (nicht mehr vorhandene) Hauptmann sein, der unter dem Kreuz ausgerufen hat: *Wahrhaftig, das war Gottes Sohn!* (Matthäus 27, 54). Hinter dem Hohenpriester sind »nur« vier Soldaten sichtbar; doch der Künstler erzeugt, indem er sie eng zusammenrückt sowie einen weiteren Helm und einen Umhang andeutet, sehr geschickt den Eindruck, als sei es eine größere Schar.

EPITAPH DES RITTERS EBERHARD VON GRUMBACH

Das Grabmal Eberhards von Grumbach (gest. 1487) in der Turmhalle der katholischen Pfarrkirche St. Peter und Paul zu Rimpar (nordöstlich von Würzburg) gilt als frühestes Werk, das Tilman Riemenschneider sicher zugeschrieben werden kann. Obgleich noch ganz im traditionellen Stil ausgeführt, verdeutlicht das Grabmal bereits die außerordentliche künstlerische Begabung des Bildhauers. Die wohl nach 1487 entstandene Sandsteinarbeit führte er im Auftrag derer von Grumbach aus. Die Adelsfamilie beschäftigte den Meister und seine Werkstatt noch einige Male. Der verstorbene Ritter war ein Neffe des Würzburger Fürstbischofs Johann III. von Grumbach (reg. 1455–66). Eberhard ist sonst nur aus einem Teilungsvertrag von 1469 bekannt, in dem auch das Rimparer *Schloss* zum ersten Mal erwähnt wird. Mit Horant von Grumbach sind 1371 erstmals die Herren von Grumbach in Rimpar bezeugt. Das Schloss mit seinem auffälligen Rundturm wurde im 16. Jahrhundert erweitert. Die *Pfarrkirche* ist ein historisierender Bau aus den Jahren 1849/50. Lediglich die Untergeschosse des früheren Chorturms sind aus gotischer Zeit verblieben.

EPITAPHIEN FÜR ZWEI ADELIGE FRAUEN

Das edle Frauentum des Hochmittelalters, wie es Riemenschneider auch noch in seiner Zeit gesehen haben wird, bringen die Grabmale der Elisabeth von Stiebar und der Dorothea von Wertheim zum Ausdruck. Die Grabsteine gehen allerdings nicht auf die Anfangsjahre des Künstlers zurück. Zum einen sind sie jedoch mit dem Epitaph Eberhards von Grumbach vergleichbar, zum anderen war die 1507 verstorbene *Elisabeth von Stiebar* die leibliche Tochter Eberhards.

So nimmt es nicht wunder, dass der Auftrag für ihr Epitaph in der katholischen Pfarrkirche St. Bartholomäus in Buttenheim (südöstlich von Bamberg) an Tilman Riemenschneider ging. Das um 1508 geschaffene Epitaph ist erneut ein tief empfundenes Werk des Meisters. Das modisch kultivierte, aber schlichte Kleid lässt den unaufdringlichen Charakter der Dargestellten schon erahnen. Vollends kommt dieser in dem nach innen gewandten Blick und in der auf ihren Lippen schwebenden stillen Heiterkeit zum Ausdruck. Trotz der leider abgeschlagenen Nase wirkt das Antlitz der Rittersfrau äußerst beseelt sowie bescheidener und zurückhaltender als das Dorotheas von Wertheim. Dies rührt wohl daher, dass Riemenschneider kein Portrait der Verstorbenen angestrebt hat, sondern der Figur die Züge ihrer Namenspatronin, der heiligen Elisabeth von Thüringen, verleihen wollte.

Das 1503 bis 1505 entstandene *Grabdenkmal der Dorothea von Wertheim* (gest. 1503), die eine Geborene von Rieneck und Verwitwete von Leuchtenberg war, steht im Chor der katholischen Stadtpfarrkirche St. Peter und Paul in Grünsfeld (nahe Tauberbischofsheim). Manches, wie etwa die Detailfreude bei der mit einem Tuch festgebundenen Kopfhaube – ein Motiv, das bei den vom Meister geformten Gewändern häufiger auftaucht –, spricht dafür, dass Riemenschneider selbst an diesem Grabmal gearbeitet hat. Auch der Raum um den Kopf ist wie beim Scherenberg-Epitaph freigelassen (s. S. 64ff.), was die Konzentration auf die Figur erhöht. Das vornehme Antlitz der nicht mehr jungen Frau weist in der Augenpartie einen natürlichen Ausdruck auf.

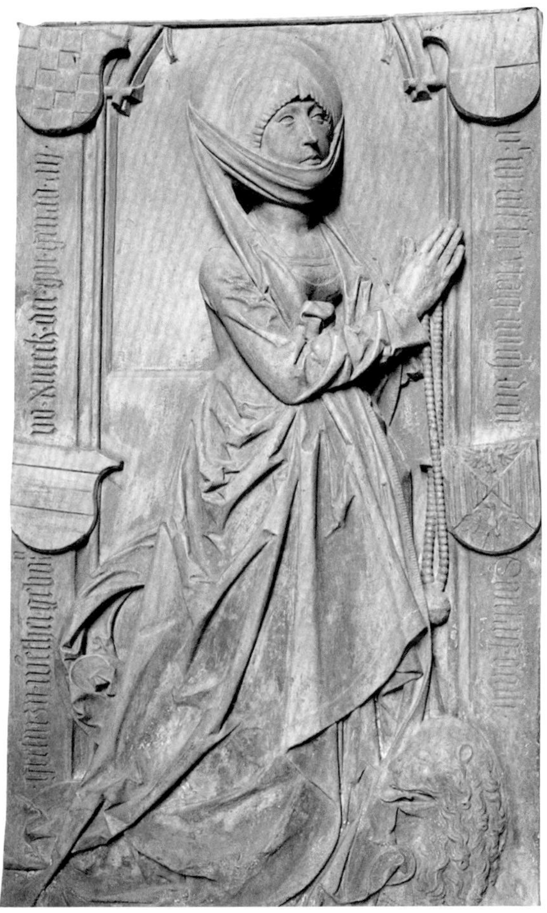

Epitaph der Dorothea von Wertheim. Zwischen 1503 und 1505 aus Sandstein gefertigt, befindet es sich heute in der Kirche St. Peter und Paul in Grünsfeld.

DER APOSTELABSCHIEDSALTAR

Die Gründung der *Allerheiligenkirche* in Kleinschwarzenlohe (im Süden Nürnbergs) ist Mitte des 15. Jahrhunderts erfolgt. Sie weist eine sehr gute spätgotische Ausstattung auf. Der von Tilman Riemenschneider stammende dreiteilige »Apostelabschiedsaltar« aus Lindenholz geht wahrscheinlich auf die Zeit vor 1490 zurück. Der Altar wurde jedoch nicht für diese Kirche geschaffen. Die Nürnberger Patrizierfamilie Rieter, die das Patronat über die Allerheiligenkirche innehatte, hat Anfang des 17. Jahrhunderts für eine gründliche Renovierung gesorgt und anbei einen *wurmfreßigen altar* gegen einen erheblich besser erhaltenen ausgetauscht, nämlich den Altar von Riemenschneider. Dieser war ein nobles Geschenk der Patrizierwitwe Katharina Tucher und von ihrem eventuell nicht allzu lange vor der Renovierung der Allerheiligenkirche verstorbenen Mann Tobias Tucher im Würzburgischen angekauft worden.

Die Reliefs, die erstaunlich plastisch wirken, sind wie der Rahmen farbig gefasst, wobei die Gewänder der Figuren überwiegend goldfarben leuchten. Insgesamt können zwölf Männer gezählt werden, die sich mehr oder weniger alle in Bewegung, also im Aufbruch befinden. Auf dem Seitenflügel links sind zwei Figuren zu sehen (Jakobus mit Pilgerhut), auf dem Seitenflügel rechts drei Figuren, von denen sich eine Tränen aus den Augen wischt, und zentral im Schrein fünf im Vordergrund sowie zwei (als kleine Figuren), die bereits weit in der hügeligen Landschaft vorangekommen sind. Während Johannes der Evangelist eine Pilgerflasche soeben mit frischem Wasser auffüllt, gönnt sich Petrus schon einen Schluck aus seiner Flasche. Sie alle scheinen willens zu sein, die Frohe Botschaft im Auftrag des Herrn hinaus in die Welt zu tragen.

MARIA MIT DEM KIND

Das Weltbild des Mittelalters war durchwegs vom christlichen Glauben geprägt. Das gilt selbstverständlich auch für die Kunst und somit für den spätgotischen Meister Tilman Riemenschneider, der vor allem religiöse Bildwerke schuf. Zwar kann Gott seinem unfassbaren Wesen nach nicht von Menschenhand abgebildet werden, sehr wohl aber der Gott-Mensch Jesus Christus. Die Lehre von den zwei Naturen Jesu, der wahrer Gott und wahrer Mensch zugleich ist, hat die mittelalterliche Bilderwelt sowohl theologisch als auch ästhetisch bestimmt.

In Riemenschneiders Madonnen und den Darstellungen Jesu Christi begegnet man dem Schönheitsideal und dem Menschenbild des Künstlers. Seine Mariendarstellungen und seine Christusbilder haben eines gemeinsam: Sie gewinnen ihre Schönheit aus ihrer Sanftmut und ihrer barmherzigen Ausstrahlung. Noch einmal kommt der ganze Bedeutungsumfang des mittelhochdeutschen Adjektivs *milt* zum Ausdruck, womit ein freundliches und freigebiges Wesen als wichtigste Eigenschaft des Adels bezeichnet wurde – bedeutete das Wort doch zugleich »wohltätig«, »gütig« und »edel«. Die Milde galt als die wichtigste Tugend des Königs sowie der höfischen Dame, der »hohen Frau«. Allerdings – und das ist der Unterschied zum Hochmittelalter – hat die Maria Riemenschneiders ihr »höfisches Wesen« abgelegt. In ihrer »Gnade« kommt sie dem andächtigen Betrachter ganz nah, da dieses Wort die ursprüngliche Aussage »sich neigen« beinhaltet. Daraus entstanden sodann die weiteren Bedeutungen »Schutz« und »Hilfe«.

Die aus grauem Sandstein um 1490 gefertigte »Mondsichelmadonna« in der Neumünsterkirche zu Würzburg wird zu den frühen Arbeiten Riemenschneiders gezählt. Als sicher gilt die Konzeption der lebensgroßen Figur durch den Meister selbst, auch wenn ein Geselle seiner Werkstatt sie mit ausgeführt haben mag. Der noch sehr traditionsgebundene Stil lässt Ähnlichkeiten mit einer 1470 von Niclas Gerhaert van Leyden (um 1430–73) geschaffenen »Mondsichelmadonna« erkennen, die heute im Trierer Bischöflichen Diözesanmuseum zu bewundern ist.

Das gewählte Motiv hat sich als selbstständiges Andachtsbild aus den miniatürlichen Darstellungen der auf dem Mond stehenden, von der Sonne umkleideten und mit zwölf Sternen gekrönten apokalyptischen Frau aus dem zwölften Kapitel der »Offenbarung des Johannes« entwickelt. Riemenschneiders Madonna trägt freilich keine Krone aus Sternen mehr: Ihre besteht aus einem mit Kreuzblumen besetzten Reif, einem in der gotischen Architektur weit verbreiteten ornamentalen Element. Die geheimnisvolle himmlische Erscheinung aus der biblischen Apokalyptik hatte sich schon längst in die christliche »Himmelskönigin Maria« verwandelt, die bei Riemenschneider zudem erhabener wirkt als die Madonna van Leydens. Das mag zum einen an der detailverliebten Ausführung der noblen Gewandung liegen. Sogar der Pelzbesatz am Kragen des Kleides ist genau zu erkennen. Zum anderen vermitteln die fein gearbeiteten zarten Hände – als typisches Kennzeichen Riemenschneiderscher Kunst – zurückhaltende Vornehmheit und Herzensadel. Im Unterschied dazu hat das Jesuskind eine lebendigere Ausgestaltung erfahren. Die Figuren trugen eine farbige Fassung, die jedoch beim Brand der Neumünsterkirche 1945 zerstört wurde.

Hermann Hesses Madonna

Eine traurigschöne Madonna mit langen Augenlidern und dünnen, eleganten Prinzessinnenhänden. Traumhaft blickt sie aus ihrem Glasgehäuse hervor, unserer Welt fern, einer anderen Welt und Luft bedürftig [...]. Das schreibt Hermann Hesse über die Riemenschneider-Madonna von St. Burkhard in seiner Skizze »Einst in Würzburg«, worin er die Eindrücke eines Besuchs der Stadt im Jahr 1928 schildert (im Buch »Die Kunst des Müßiggangs«). Diese *schön bemalte Madonna mit den überzarten Fingern und den leidvoll schönen Augenlidern* schnitzte »Meister Til« um 1490.

Bereits im 16. Jahrhundert wurde diese Marienbüste (mit Kind) als Gnadenbild verehrt. Am Sonntag vor Pfingsten hatten vier Bürgertöchter die Ehre, sie in einer Prozession von der Kirche der Festung Marienberg aus nach St. Burkhard zu tragen. Die Bemalung, an der sich Hermann Hesse so erfreute, ist freilich aus viel jüngerer Zeit: Sie wurde erst 1911 aufgebracht.

Zu den frühen eigenhändigen Arbeiten Riemenschneiders zählt auch eine Lindenholz-Madonna im Mainfränkischen Museum (um 1495–1500). Obwohl schon abgewandelt, verrät sie noch den Einfluss der »Mondsichelmadonna« van Leydens. Im Museum befinden sich zudem eine nur 79 cm große Maria mit dem Jesuskind aus der Zeit um 1510 sowie eine Doppelmadonna mit Kind, die auf Wolken steht und der 1826 abgetragenen Karmelitenkirche St. Barbara in Würzburg entstammt (um 1515–20). Beide sind ebenfalls Werke Riemenschneiders.

DER MAGDALENENALTAR

Im Jahr 1490 bestellte das Ratskollegium von Münnerstadt bei Tilman Riemenschneider einen »Magdalenenaltar«. Dieser ist die am frühesten bezeugte Auftragsarbeit des Meisters, die er 1492 vollendete. Die Modellzeichnungen, die dem Vertragsentwurf gewöhnlich beigefügt wurden, hatte der Meister wahrscheinlich selbst angefertigt. Gewöhnlich gab man sie einem Maler in Auftrag, aber Riemenschneider beherrschte die Zeichenkunst vorzüglich.

In der Münnerstadter Pfarrkirche St. Maria Magdalena steht allerdings ein Nachbau des Altars. Doch nicht, weil das Werk einem Bildersturm oder Kriegseinflüssen zum Opfer gefallen ist; vielmehr hat man den Altar bereits 1649 umgebaut. 1756 ließ die geistliche Leitung des Bistums Würzburg dann die Hauptfigur, die heilige Magdalena im Haarkleid, *aus gewissen Gründen,* wie es wörtlich hieß, entfernen. Die relative Nacktheit wurde als zu anstößig empfunden. Schließlich veräußerte man 1831 Teile des Altars.

Infolgedessen befindet sich die Hauptgruppe, nämlich die von Engeln umgebene Magdalena, im Bayerischen Nationalmuseum in München. Doch gerade diese »Verlagerung« rettete das Werk, denn am Ende des Zweiten Weltkriegs zerstörte eine Mine den aus den 30er-Jahren des 19. Jahrhunderts stammenden neugotischen Altaraufsatz in der Münnerstadter Pfarrkirche, der an der Stelle des früheren »Magdalenenaltars« gestanden hatte.

Riemenschneider hatte den Altar ohne farbige Fassung geliefert. Diese Neuerung bewies die hohe bildhauerische Fertigkeit des Meisters und seiner Werkstatt. Die Fassung ergänzte nämlich gewöhnlich Oberflächendetails, die nun die Schnitzkunst alleine zu leisten hatte. Die damaligen Flügelaltäre (s. S. 49ff.) konnten außerdem als sogenannte »Wandelaltäre« z. B. zur Fastenzeit geschlossen werden, weshalb auch die Rückseiten der Flügel eine Bemalung aufwiesen. Diese Eigenschaft wurde mit dem Verzicht auf die polychrome Fassung nun ebenso aufgegeben. Doch das erschien den Münnerstädtern zu progressiv. Deshalb beauftragten sie 1504 den Bildhauer Veit Stoß (um 1447–1533), der damals nach der Brandmarkung seiner Wangen als Bestrafung für eine Urkundenfälschung aus Nürnberg zu seinem Schwiegersohn nach Münnerstadt geflohen war, mit einer nachträglichen Farbfassung. Auf die Rückseite der Flügel malte er Szenen aus dem Leben des Würzburger Bistumspatrons St. Kilian. Seine und spätere Fassungen wurden aber – teils im 19., teils im 20. Jahrhundert – getilgt.

Das Bildprogramm des alten Flügelaltars ist von der Legende über Leben und Tod Maria Magdalenas bestimmt. Die Schilderungen finden sich in der »Legenda aurea«, einer viel gelesenen Sammlung von Heiligenleben, die der Dominikaner Jacobus de Voragine (1228/29–1298; ab 1292 Erzbischof von Genua) zusammengestellt hat. Die legendäre Gestalt der heiligen Maria Magdalena setzt sich gleich aus mehreren biblischen Frauen zusammen: der Sünderin, welche Jesus im Haus des Pharisäers Simon die Füße mit ihren Tränen wusch und mit ihrem Haar trocknete (Lukas 7, 36–39), der Frau, die Jesus vor seinem Leiden das Haupt salbte (Johannes 12, 1–8), sowie Maria, der Schwester des Lazarus und der Martha (Johannes 11, 1–2), und endlich Maria Magdalena, die durch Jesus von sieben bösen Geistern befreit wurde (Lukas 8,2).

Die Bebilderung der beiden Seitenflügel des Altars besteht aus je zwei Lindenholzreliefs. Auf dem oberen zur Linken (heute im Bayerischen Nationalmuseum München) trocknet Magdalena Jesus mit ihrem Haar den rechten Fuß. Ihrer innig-zärtlichen Hingabe an diese demutsvolle Verrichtung entspricht die stille Andacht des Zuhörers, der oberhalb Magdalenas den Worten Jesu ergriffen lauscht und wohl die Identifikationsfigur für den Betrachter darstellt. Das Relief darunter – nach übereinstimmender Gelehrtenmeinung von Riemenschneider persönlich ausgeführt und heute in der Skulpturensammlung der Staatlichen Museen Berlin zu betrachten – zeigt die Erscheinung des Auferstandenen vor Maria von Magdala am frühen Ostermorgen, wie sie der Evangelist Johannes berichtet (Kap. 20, 11–18). Ein Kupferstich Martin Schongauers (um 1445/50–91) diente dem Meister als direkte Vorlage. Riemenschneiders besonderes Interesse ist freilich

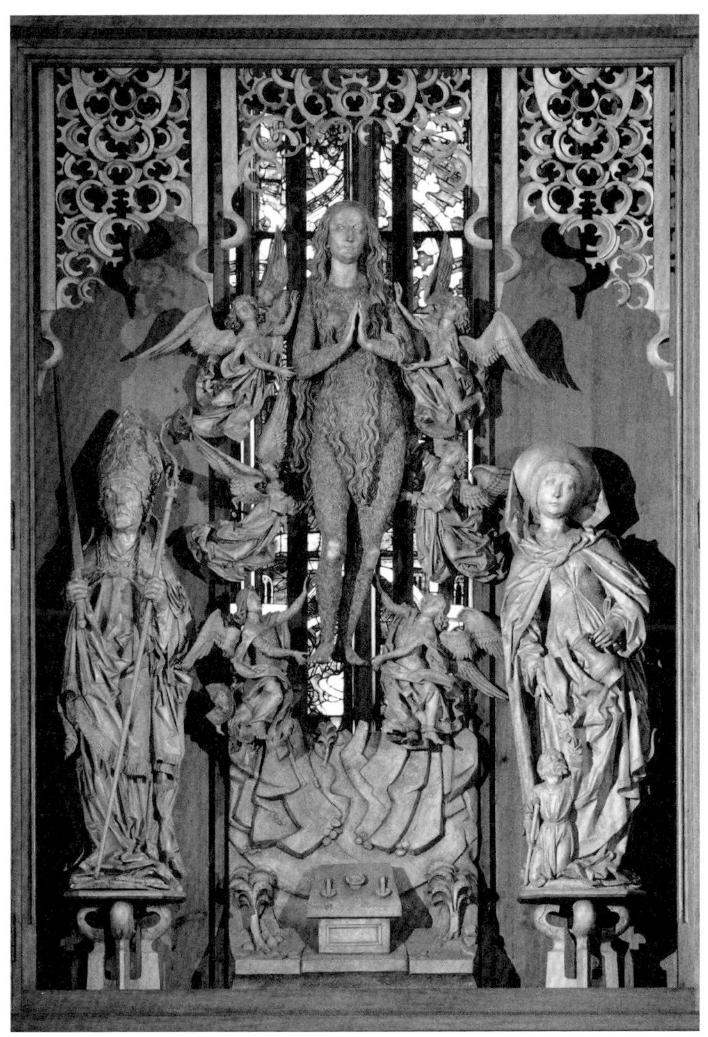

Der »Magdalenenaltar« in der Münnerstadter Pfarrkirche St. Maria Magdalena aus den Jahren 1490 bis 1492. Die Originale sind teilweise im Bayerischen Nationalmuseum in München und in den Staatlichen Museen Berlin zu sehen.

dort zu erkennen, wo er von dieser Vorlage abweicht: Bei ihm tritt das *Noli me tangere* (*Rühre mich nicht an* – Jesu Worte nach der lateinischen Bibelübersetzung) deutlicher als bei Schongauer hervor, denn zum einen sind die beiden Bildhälften mit dem Auferstandenen und der Frauenfigur klarer getrennt, zum anderen unterstreicht die große Falte am unteren Rand des Gewandes Christi die sanft zurückweisende Geste seiner Hand. Die Situation dieser Frau entspricht bei Riemenschneider mehr derjenigen des zeitgenössischen Betrachters, der ja auch keinen körperlichen Kontakt mehr mit Jesus hat. Zudem hat der Meister im Hintergrund eine kleine Szene eingefügt, die bei Schongauer völlig fehlt: In einer Felsenhöhle außerhalb des Gartens kauert der schlafende Petrus. Riemenschneider dürfte das Höhlenmotiv aus der »Ölberg«-Tradition (s. S. 56f.) übernommen haben.

Der Legende nach wurde Maria Magdalena zusammen mit anderen in ein ruderloses Schiff gesetzt, damit sie auf dem Meer umkäme. Das Gefährt soll aber nahe Marseille an der südfranzösischen Küste gestrandet sein. Dort habe Magdalena zunächst gepredigt und Wunder bewirkt; später habe sie sich dann in die Einöde zurückgezogen, wo sie fortan ohne irdische Nahrung 30 Jahre gelebt habe. Die letzte Kommunion der Heiligen vor ihrem Tod (rechter Altarflügel) ist wohl von einem Gehilfen Riemenschneiders geschnitzt worden. Das Bild ist in Münnerstadt verblieben. An einem weiteren im Original erhaltenen Relief, welches das Begräbnis der Heiligen wiedergibt, haben mehrere Bildschnitzer gearbeitet.

Riemenschneiders von sechs Engeln getragene Magdalena ähnelt derjenigen auf einem Stich des »Meisters E. S.« (Dresdner Kupferstichkabinett). Der berühmte Kupferstecher (gest. 1468) hat seine von ebenfalls sechs Engeln getragene Magdalena weitgehend nackt dargestellt. Ihre Brüste bedeckt sie mit den Händen, während der grazile Körper von herabwallendem Haar nur teilweise verhüllt wird. Tilman Riemenschneider hingegen bedeckte den Körper Maria Magdalenas mit einem gekräuselten, wie natürlich gewachsenen Pelz, der allein die Brüste und – wohl wegen des häufigen Niederfallens zum Gebet – die Knie frei lässt. So verband Riemenschneider die Nacktheit geschickt mit einer angedeuteten »Bekleidung«.

ADAM UND EVA

Bekanntermaßen war Tilman Riemenschneider 1,85 m groß und damit nur unwesentlich kleiner, als es die repräsentativen Sandsteinfiguren »Adam« und »Eva« werden sollten, welche der Rat der Stadt Würzburg 1491 bei ihm für das Südportal der Marienkapelle in Auftrag gegeben hat. Die Würzburger liebten diese Kirche besonders, war sie doch die einzige stadteigene. An ihrer Stelle und an der des sich anschließenden Marktplatzes hatte das alte Judenviertel gestanden, das 1349 niedergebrannt war. Auf welche Weise damals das Feuer ausgebrochen war, hat niemand so genau geklärt. Fest steht aber, dass die christlichen Nachbarn keinen Finger gerührt haben, um beim Löschen zu helfen, sondern lediglich darum bemüht gewesen sind, das Feuer nicht auf ihre Häuser übergreifen zu lassen. Auf den Resten der ehemaligen Synagoge errichteten die Würzburger eine Marienkapelle, da man offenbar glaubte, der Ort, wo die Nachfahren der angeblichen »Mörder Christi« gebetet hatten, werde durch den Einzug Mariens »entsühnt«.

Der 1377 begonnene und erst 1479 endgültig fertiggestellte Kirchenbau sollte an seiner zum Marktplatz gewandten Schauseite neue und prächtigere Skulpturen erhalten. Die vormaligen Figuren der Stammeltern »Adam« und »Eva« sollten, so beschloss man einmütig, ins Innere der Marienkapelle versetzt werden. Riemenschneider durfte – ein gewagtes Novum in der Ikonografie – einen jugendlichen Adam ohne Bart gestalten, obwohl dem nicht alle Ratsmitglieder zustimmten.

Über »Adam« weist im Gesprenge (Zieraufsatz) des hohen Baldachins die Verkündigung auf Christus als den »zweiten Adam« hin sowie über »Eva« die dargestellte Begegnung der großen Sünderin Maria Magdalena mit dem Auferstandenen auf die Erlösung. Obwohl sie sich noch ganz in das traditionelle theologische Gesamtkonzept des Portals einfügen, zeigen die beiden von Riemenschneider geschaffenen Figuren, die Renaissance schon vorausdeutend, eine jeweils eigene Persön-

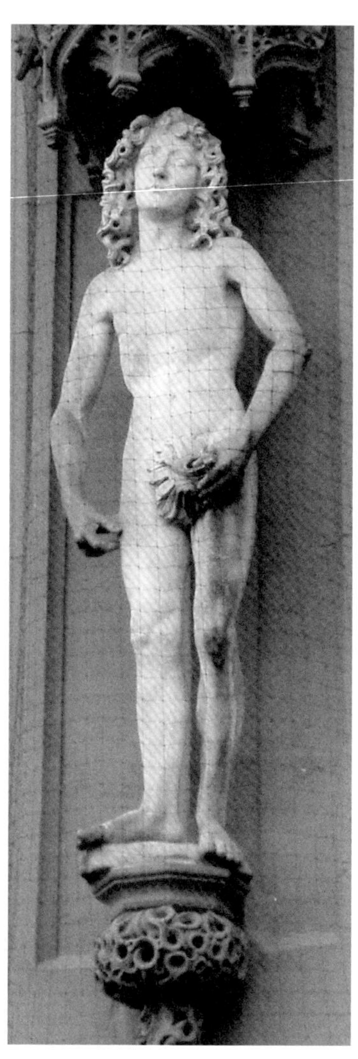

Sandsteinfigur des »Adam« an der Würzburger Marienkapelle, 1492/93 (Kopie; s. S. 29).

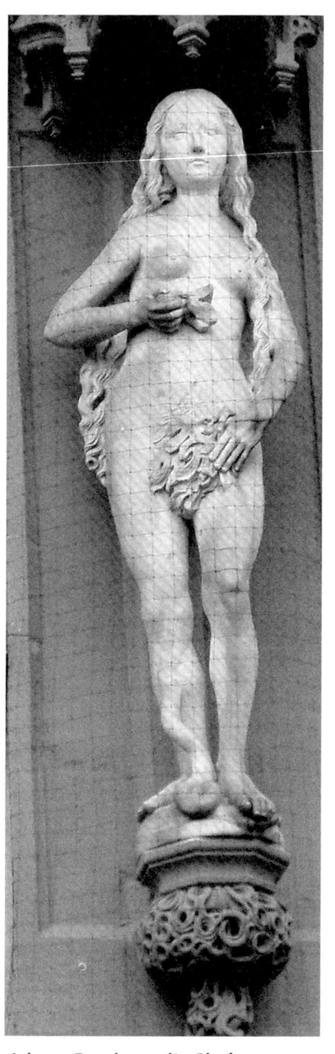

Adams Pendant: die Skulptur der »Eva« an der Würzburger Marienkapelle, 1492/93 (Kopie).

lichkeit: »Adam«, der nicht mehr der paradiesische, sondern der bereits aus dem Paradies vertriebene Mensch ist, blickt nachdenklich, fast kummervoll in die Welt, die sich ihm außerhalb des Paradieses bedrohlich öffnet. Zögerlich setzt er zu einem ersten Schritt an. Wohin soll er gehen? Was wird ihn erwarten? Dieser jugendliche »Adam« steht an der Schwelle zum sorgenvollen Erwachsenenalter. Die schlanke, sehnige Gestalt weist zeitlos auf die Herausforderung hin, welche das Leben an den Menschen stellt.

Anders erscheinen die betont weiblichen Konturen »Evas«. Ihr ovales Gesicht lässt nichts von der Besorgnis ahnen, ja ihre Augen wirken wie von einem Lächeln umspielt. Ihr Schritt hat etwas Vertrauensvolles an sich. Zwar windet sich die Schlange an ihrem Bein empor; aber ist sie das Symbol der Verführung oder, was das Reptil seit Alters her auch bedeuten kann, der Fruchtbarkeit und Erneuerung? Diese »Eva« hat nichts Laszives oder Verführerisches an sich. Ihre Natürlichkeit weckt vielmehr Hoffnung und Vertrauen.

Ob Tilman Riemenschneider mit seiner »Eva« am Südportal, der die Gottesmutter im späteren »Creglinger Altar« (s. S. 76ff.) ähnelt, bewusst auf Maria als die »Neue Eva« in der Parallele zu Christus als dem »neuen Adam« hinweisen wollte? »Meister Til« hat freilich die gleichen Gesichter und Frisuren, nur eben in verschiedenen Kombinationen, gerne aufs Neue verwendet. Dennoch, die vom Würzburger Meister so gegensätzlich dargestellten Charaktere »Adams« und »Evas« ergänzen sich. Im Schwung ihrer Körper neigen sie sich über die Pforte hinweg einander zu. Denn beides scheint vonnöten, das intuitive Vertrauen und die besorgte Nachdenklichkeit.

Für die äußeren Strebepfeiler der Marienkapelle wurden von Tilman Riemenschneider und seiner Werkstatt in den Jahren 1500 bis 1506 noch 14 Sandstein-Figuren erstellt, nämlich »Christus«, »Johannes der Täufer« und die »Zwölf Apostel«. »Christus« und »Johannes« waren direkt über den Skulpturen »Adam« und »Eva« angebracht.

3 Kunsthandwerk im Spätmittelalter

DAS KUNSTVERSTÄNDNIS

Im Mittelalter zählten Kunstmaler, Steinbildhauer und Holzschnitzer zu den Handwerkern. Überhaupt waren diese Berufe nicht streng voneinander getrennt. Das zeigt sich allein schon in der Tatsache, dass der Bildhauergeselle Tilman Riemenschneider bei seiner Aufnahme in die Sankt-Lukasbruderschaft, die gemeinsame Zunft der Maler, Bildhauer und Glaser in Würzburg, als »Malerknecht« bezeichnet wurde. Die Kunsthandwerke hatten sich im Hochmittelalter aus den Dombauhütten entwickelt, wo sie ursprünglich für die Verzierung und Ausschmückung der großen Kathedralen zuständig waren.

Nicht anders als die gesamte mittelalterliche Kultur orientierte sich auch die Kunst jener Epoche vollständig an der Bibel, die gleich einer Enzyklopädie verwendet wurde. Dabei war eine spezielle Auslegungsmethode entstanden. Man unterschied vier Interpretationsweisen oder Sinnhaftigkeiten des Bibeltextes: das wörtliche Verständnis (»sensus literalis« oder »sensus historicus«), die allegorische Auffassung oder Glaubensinterpretation (»sensus allegoricus« oder »sensus spiritualis«), die moralische Interpretation oder die Anwendung auf die alltägliche Situation (»sensus tropologicus« oder »sensus moralis«) und schließlich das endzeitlich-eschatologische Verständnis (»sensus anagogicus«). Die herrliche äußere Verzierung und innere Ausstattung der Kathedralen leitete man (nach der lateinischen Bibelübersetzung) z. B. von Psalm 25, 8 ab: *Herr, ich habe den Schmuck Deines Hauses geliebt.* Dem stand jedoch die von der Bibel streng geforderte bildlose Gottesverehrung entgegen, woraus sich die strikte Ablehnung jeglicher Abbildung Gottes ergab.

Doch das Verlangen der Menschen nach Bildern war zu groß. In der Westkirche erlangte deshalb die Lehre Papst Gregors des Großen (um 540–604) eine allgemeine Gültigkeit. Seit dem 13. Jahrhundert zitiert man sie in der prägnanten Gliederung des Theologen und Philosophen Thomas von Aquin (um 1225–74): Das Bild hat drei Aufgaben, nämlich die Ungebildeten zu belehren, an das Geheimnis der Menschwerdung Gottes sowie das Vorbild der Heiligen zu erinnern und die Frömmigkeit zu wecken, was durch das Gesehene leichter geschieht als durch das Gehörte. Der mittelalterliche Autor Theophilus Presbyter, Verfasser der »Schedula Diversarum Artium« (»Zettelsammlung der verschiedenen Künste«; 12. Jh.) betont, dass aus

Spätgotik

Als *Gotik* wird eine Epoche der mittelalterlichen Architektur und Kunst bezeichnet. Sie setzt mit der Neuerrichtung des Chores der Abtei-Kirche St. Denis bei Paris zwischen 1140 und 1144 ein und reicht nördlich der Alpen ungefähr bis 1520/50. Ende des 13. Jahrhunderts wurde der in der Île-de-France (Paris und Umgebung) entwickelte Stil daher auch »opus francigenum« (»französischer Stil«) genannt. Das Wort »Gotik« geht auf den italienischen Architekten, Maler und Kunsthistoriker Giorgio Vasari (1511–74) zurück. Das italienische Wort »gotico« – ursprünglich ein Schimpfwort – wurde von der Bezeichnung des germanischen Stammes der Goten abgeleitet und bedeutet soviel wie »fremdartig«, »barbarisch«. Weil sie seiner von der Harmonie der Antike geprägten Kunstauffassung wesensfremd war, nannte Vasari die auf die Romanik folgende zweite große Kunstepoche des Mittelalters abfällig »stile gotico«. In der Architektur ist für die Gotik der Höhendrang kennzeichnend. Die Skulpturen fallen durch ihre Schlankheit, Überlänge, den typischen S-Schwung in der Körperhaltung und ihre Bewegtheit auf.

Die »Spätgotik« umfasst den Zeitraum von 1350 bis ungefähr 1520/50, und damit auch die Zeit, in der Riemenschneider als Meister tätig war. Die Skulpturen zeichnen sich nun durch eine Feingliedrigkeit und höfische Eleganz aus (»Weicher« oder »Schöner Stil«). Typisch für diese Zeit sind die jugendlich anmutenden »Schönen Madonnen«. In der Malerei setzt sich mehr und mehr die realistische Darstellungsweise durch.

der Gottähnlichkeit des Menschen seine Befähigung zum schöpferischen Gestalten folge und er diese auch zur Ehre Gottes anzuwenden habe. Im sinnenfrohen Spätmittelalter hatte das Bild daher eine besondere religiöse Bedeutung.

DAS KUNSTHANDWERK INNERHALB DER STADT

Im 12. Jahrhundert – und damit zu einer Zeit, in der die Städte rasant wuchsen – wurde aus dem Kunsthandwerk der Klöster ein in der Stadt ausgeübtes Gewerbe. Im folgenden Jahrhundert gelangten die Kunsthandwerker durch den Fernhandel, die Verbesserung der Arbeitsmethoden aufgrund des technischen Fortschritts (z. B. mittels der Walkmühle oder des Eisen- und Kupferhammers nach der Erfindung der Nockenwelle) und der Möglichkeit der Arbeitsteilung sowie nicht zuletzt durch eine enorme Konzentration des Geldes innerhalb der Stadtmauern zu Reichtum und Ansehen. Kaiser Karl IV. (reg. 1346–78), den man den »Kaufmann auf dem Thron« genannt hat, begünstigte die Städte als seine hauptsächlichen Geldgeber durch Zollprivilegien und durch die Förderung des Handels.

Als eine Folge der immer weiter fortschreitenden Arbeitsteilung bildeten sich die Zünfte oder Gilden heraus. Diesen gelang es, die Handwerker durch eine strikte Hierarchie zu beherrschen, um zugleich eine strenge Aufsicht über Herstellung, Qualität und Verkauf der Waren zu gewährleisten. Im 14. und beginnenden 15. Jahrhundert galt in den Städten ein genereller Zunftzwang. Meister konnte also nur werden, wer wie Tilman Riemenschneider als Geselle bereits in eine Zunft aufgenommen worden war. Die Bedingung dafür war zunächst neben dem Abschluss einer Lehrlings- und einer Gesellen- resp. Wanderzeit die Zahlung der Aufnahmegebühr.

Zur Erlangung des Bürgerrechts wurde oft der Besitz eines sogenannten »Harnischs« oder wenigstens »halben Harnischs« für den Dienst in der Bürgerwehr und die Verteidigung der Stadt vorausgesetzt. Ein halber Harnisch bestand aus einem Eisenhut, einem »Krebs« (Brustpanzer), einem »Koller« (Halsschutz), Armschienen und einem Spieß. Beim ganzen Harnisch kamen noch eiserne Handschuhe und weitere Panzerungen hinzu.

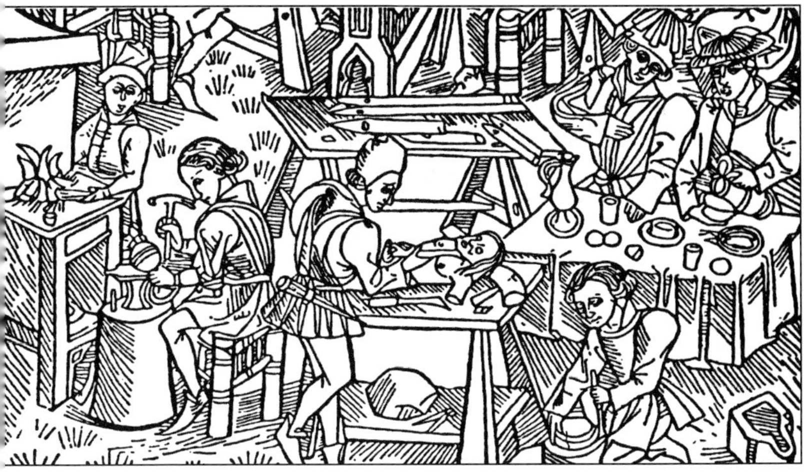

Arbeitsvorgänge in einer Bildhauerwerkstatt. – Holzschnitt aus einem »Blockbuch« (Buch mit Holzschnitten), um 1470.

Das »Gesellenwandern« – im Kunsthandwerk schon seit dem 13. Jahrhundert gebräuchlich – und die Vorlage eines »Meisterstücks« sind als weitere geforderte Bedingungen für die Aufnahme in die Zunft jedoch erst in der zweiten Hälfte des 16. Jahrhunderts allgemeine Norm, wobei jede Zunft oder Bruderschaft – und das zudem in jeder Stadt unterschiedlich – ihre eigenen Bestimmungen hatte. Das Bürgerrecht konnte man freilich auch »erwerben«, indem man eine Bürgerstochter oder eine Bürgerswitwe ehelichte.

Oftmals war die Zunft zugleich eine religiöse und soziale Bruderschaft, insbesondere dort, wo die Zünfte ihre politische Macht verloren hatten. Viele Zünfte und Bruderschaften hatten neben der allgemein verehrten Gottesmutter Maria jeweils ihren eigenen Heiligen: St. Joseph etwa war der Patron der Zimmerleute, St. Lukas derjenige der Maler und Kunsthandwerker, St. Anna war die Patronin der Bergleute und Weber; St. Nikolaus schützte die Seeleute, Fischer, Kaufleute und Bäcker. Neben der Sorge um das eigene Seelenheil traten die Mitglieder einer Bruderschaft im Notfall für ein christliches Begräbnis, für das regelmäßige Totengedächtnis und die Seelenmessen am Bruderschaftsaltar oder für die

Unterstützung im Krankheitsfall ein. Manche Bruderschaften boten sogar eine Art Krankenversicherung an und unterhielten Spitalplätze.

Allerdings waren die Bildhauer zahlenmäßig viel zu schwach, um eine eigene Zunft zu stellen. Meist taten sie sich, wie innerhalb der Würzburger Lukasbruderschaft, mit anderen Handwerken wie den Malern und Schreinern zusammen und waren somit eine Sektion in einer der großen Zünfte, um auf diese Weise ein Mandat und Einfluss im Rat der Stadt zu gewinnen.

Wie im mittelalterlichen Handwerk üblich, durchlief selbst der Kunsthandwerker die Ausbildung vom Lehrling über den Gesellen bis zum Meister. Die Werkstatt war immer mit der Wohnung des Meisters verbunden, zu dessen Haushalt neben der Ehefrau, die für die Versorgung der Wohngemeinschaft mit einstand, sowie den Kindern, Hausknechten und Mägden auch die Lehrlinge und Gesellen zählten. Die »Lehrknechte« und die Handwerksgesellen lebten schon deshalb im Haushalt des Meisters, weil sie vom Lohn kaum ihren Lebensunterhalt bestreiten konnten. Sie gehörten zunächst zur städtischen Unterschicht und besaßen kein Bürgerrecht. Allerdings folgt daraus nicht, dass sie einen großen Anteil der Stadtbevölkerung ausmachten; denn es gab gewöhnlich mehr Handwerksmeister als Gesellen, da viele Meister sich keine zusätzlichen Arbeitskräfte leisten konnten.

Schon der Lehrling konnte ein Mitglied der Zunft sein. In der »Aufdingung« entweder vor dem Zunftmeister oder der Zunftversammlung wurde er, gewöhnlich im Alter von 12 bis 15 Jahren, nach einer kurzen Probezeit und einer in der Regel bescheidenen Zahlung in die Zunft aufgenommen. Die Lehrzeit dauerte zunächst zwei bis drei Jahre; später verlängerte sie sich aufgrund der wachsenden handwerklichen Spezialisierung. Das sogenannte »Freisprechen« konnte die Lehre abschließen. Am Ende des 15. Jahrhunderts waren diese rituelle Entlassung aus der Lehre und der entsprechende Eintrag in das Lehrlingsbuch unabdingbar geworden, denn nur die Anerkennung der Ausbildung ermöglichte den weiteren Berufsweg.

Die Bildschnitzer und Bildhauer siedelten sich vor allem in kleineren Städten an, die sich häufiger im Süden des Reiches als im Norden fanden. Bischofsstädte waren, sofern sie keine konkurrierende Domwerkstätte nach Art der mittelalterlichen Bauhütten besaßen, allerdings die idealeren Orte für eine Bildhauer- oder Bildschnitzerwerkstatt, oft auch für beides zusammen, weil der Meister hier mit zahlreichen und großzügigen Aufträgen rechnen konnte. Riemenschneiders Werkstatt hatte in Würzburg diesbezüglich die besten Voraussetzungen. Natürlich spielte das Können des Meisters die entscheidende Rolle für seinen Erfolg.

Der Alltagsbetrieb in einer Werkstatt war nicht von der Arbeit an großen Figuren für Schnitzaltäre bestimmt. Meist entstanden kleinere Gegenstände für den profanen Bereich wie z. B. die »Lüsterweibchen«, also Deckenleuchter, bestehend aus der Halbfigur eines Mädchens als Wappenträgerin und einem Hirschgeweih als Kerzenhalter. Aus der Riemenschneider-Werkstatt sind zwei für das Rathaus in Ochsenfurt angefertigte Exemplare (um 1500–15) im Mainfränkischen Museum ausgestellt. Solche Kleinarbeiten wurden meist nach vorgegebenen Mustern angefertigt. Große Aufträge wie die berühmten Flügelaltäre wurden einzeln auf Bestellung und gerne in Lindenholz (s. S. 26) ausgeführt.

Der Flügelaltar

Zu den Hauptwerken Riemenschneiders zählen seine großen geschnitzten Flügelaltäre. Dabei handelt es sich jedoch nicht um den eigentlichen Altartisch, die »Mensa«, sondern um Retabeln, also um rückwärtige, auf oder hinter dem Altar angebrachte Bildtafeln (»retro-tabula«). Bereits ab dem 9. Jahrhundert wurden sowohl Reliquienschreine auf den Altar gestellt als auch Bilder mit religiösen Inhalten der Mensa beigefügt.

Solche Retabeln wurden im 13. Jahrhundert beliebter und in der Folgezeit immer aufwendiger gestaltet. Sie entwickelten sich vom einfachen Bild über das Relief bis hin zu vollständig geschnitzten Figuren und Verzierungen. Im 15. und 16. Jahrhundert erreichte die künstlerische Komposition mit dem eigentlichen Flügelaltar ihren Höhepunkt. Dessen Aufbauten konnten drei- oder mehrteilig sein, hatten also mindestens zwei bewegliche Flügel. Ebenfalls im 15. Jahrhundert wurde es üblich, unter diesen Retabeln jeweils eine »Predella« (»Stufe« oder »Schemel«) einzufügen, also einen bemalten hölzernen Unterbau, der den Flügelaltar trägt.

Im Mittelteil des Altars befand sich der »Schrein« oder »Corpus« mit der zentralen Bildaussage, also der Darstellung einer in der jeweiligen Kirche besonders verehrten Person des Christentums. Oftmals war dies der Hauptpatron der Kirche. Über dem Schrein konnte ein Aufsatz, »Gesprenge« genannt, angebracht sein, der wiederum Heiligenfiguren enthielt und mit architektonischen oder pflanzlichen Verzierungen ausgestattet war. Die Flügel trugen Reliefschnitzereien auf der Vorderseite und farbige Bilder (»Tafelbilder«) auf der Rückseite. Auch die Figuren und Aufsätze waren lange Zeit farbig gefasst, denn erst Tilman Riemenschneider hat es gewagt, ohne Farben oder Blattgold auszukommen und ganz auf die Wirkung des nur mit einer braunen Lasur überzogenen Holzes zu setzen. Die Flügelaltäre hatten als »Wandelaltäre« den Vorteil, dass sie an Werktagen zum Schutz der Figuren geschlossen bleiben konnten und trotzdem Anschauliches boten. Nur zu den christlichen Festtagen, etwa dem des Kirchenpatrons, wurden die Retabeln geöffnet.

Die bildlichen und figürlichen Darstellungen hatten nicht nur die Aufgabe, die andächtige Verehrung Gottes, Mariens oder eines Heiligen zu fördern, sondern auch die Funktion, diejenigen, die nicht lesen und schreiben konnten, mit biblischen Aussagen oder mit der Lebens- und Leidensgeschichte des Kirchenpatrons vertraut zu machen. Für den privaten Gebrauch gab es Klappaltäre in kleinerem Format.

Man musste es sich schon leisten können, einen prachtvollen Flügelaltar bei einem Bildschnitzer in Auftrag zu geben, der oft auf Jahre hinaus damit beschäftigt war und Schreiner (»Kistler«) sowie Maler hinzuziehen

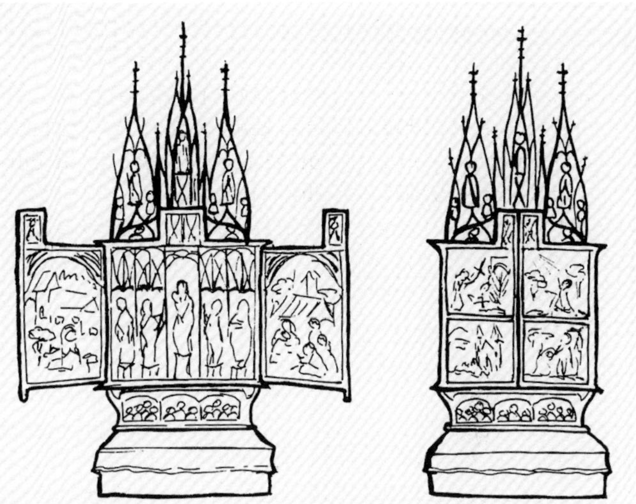

Modellhafte Zeichnung eines Flügelaltars von Marianne Erben.

musste. Für die Ausarbeitung von Steinbildwerken wurden zudem Steinmetze angeworben, die für die architektonische Ausgestaltung zuständig waren. Neben den Klöstern, Pfarr- oder Stadtgemeinden, Bruderschaften und Adelsfamilien waren es auch wohlhabende Bürger, die als Stifter in Erscheinung traten, und das nicht zuletzt, um sich im Sinne der mittelalterlichen Frömmigkeit ihr Seelenheil im Jenseits zu sichern.

ALBRECHT DÜRER, VEIT STOSS UND MATHIAS GRÜNEWALD

Der Maler und Grafiker Albrecht Dürer (1471–1528) studierte im Rahmen zweier Reisen nach Venedig die Werke italienischer Meister, um sich all dasjenige anzueignen, was den aufregend neuen Renaissance-Stil ausmachte: das Erfassen der Naturwirklichkeit, die plastische und perspektivische Darstellung, die Beschäftigung mit den Proportionen des menschlichen Körpers und nicht zuletzt die Porträtmalerei, um die persönliche Eigenart eines Menschen, das Individuum, zu entdecken.

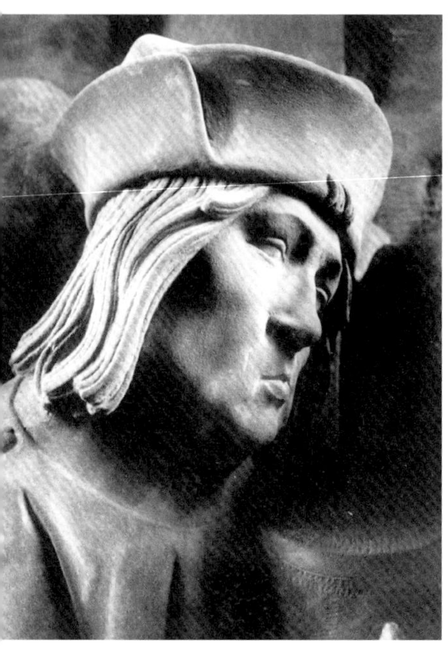

Mutmaßliches Selbstbildnis Tilman Riemenschneiders aus der »Beweinung Christi« in der Kirche St. Afra zu Maidbronn, um 1520–23.

Sehr ausgeprägt zeigt sich das Individuelle in Dürers Selbstporträts. Dabei geht es dem Maler durchaus nicht um eine bloße Selbstdarstellung, sondern vor allem um das Selbststudium und die Selbsterkenntnis, ganz im Sinne eines Grundsatzes der vom Humanismus (s. S. 63f.) wiederentdeckten Antike: *Erkenne dich selbst.* So stand es über dem Eingang des Apollon-Tempels im griechischen Delphi. Daraus ergab sich jene Geisteshaltung, die den geschlossenen, hierarchisch zum christlichen Gott aufsteigenden Kosmos des Mittelalters endgültig verließ.

Tilman Riemenschneider wäre kaum auf die Idee gekommen, sich wie Albrecht Dürer auf einer Zeichnung aus dem Jahr 1522 selbst als »Schmerzensmann« (Christus mit der Dornenkrone und den fünf Wunden) abzubilden. Aber auch der Würzburger Meister hat sich auf dem »Creglinger Marienaltar« (s. S. 79) und vermutlich bei der »Beweinung Christi« in Maidbronn (s. S. 99) in der Gestalt des Nikodemus unter dem Kreuz selbst dargestellt. Doch bei Dürer ist die Herauslösung des Kunstbegriffs aus dem Handwerk bereits ganz vollzogen – ein allgemeiner Prozess, der seinen Ausgang von Italien genommen hat.

Dieser Prozess setzte ein durch Wirtschaft und Handel erstarktes städtisches Umfeld voraus, in welchem die Bürger vor allem aufgrund des Buchdrucks (ab ca. 1450) einen Zugang zur Bildung fanden. Man wurde mit den Ausführungen Plinius' des

Älteren (23/24–79) und weiterer antiker Autoren über die Kunst bekannt und erwartete mehr und mehr, dass der Maler – und in seinem Gefolge der Bildhauer – dem antiken Ideal des »pictor doctus«, des »gelehrten Malers«, entsprach.

Veit Stoß (um 1447–1533) schuf in den Jahren 1477 bis 1489 den Altar für die Krakauer Marienkirche mit dem »Marientod« als Hauptthema. Schon die Wahl dieses Motivs für einen Altar solchen Ausmaßes – er misst 13 m in der Höhe und 11 m in der Breite; die Figuren sind bis zu 2,70 m hoch – erforderte ein enormes Selbstbewusstsein. Der gekreuzigte Christus erscheint bei Veit Stoß als ein Mann mit kraftvollem Brustkorb in einem den Kosmos erschütternden Schmerz. Das überwältigend Göttliche kommt gerade im Leiden zum Ausdruck. Ganz anders bei Tilman Riemenschneider: Er stellt die barmherzige und erlösende, den Menschen sich nahende Liebe Gottes im Gekreuzigten dar.

Ein weiterer Zeitgenosse Riemenschneiders darf nicht unerwähnt bleiben, nämlich der Schöpfer des »Isenheimer Altars«. Schon die verschiedenen Versionen seines Namens, die in der Forschung geläufig sind, nämlich Mathis Gothart-Nithart oder Mathias Grünewald, weisen darauf hin, dass der Maler und Wasseringenieur ein eher verborgenes Leben führte. Selbst seine Lebensdaten sind ungewiss: geboren zwischen 1475 und 1480, gestorben 1528 oder 1531. Er malte in einer Zeit, in welcher das Interesse an profanen Themen sehr viel stärker wurde, ausschließlich Religiöses.

Grünewald stellt den leidenden und gekreuzigten Christus in einem geradezu ekstatischen, wenn auch in seinem Spätwerk mehr stillen, innerlichen, aber deswegen nicht weniger heftigen Schmerz dar. Er betont die Abbildung des Leidens bis zum Äußersten; Riemenschneider hingegen nimmt sie zurück. Beiden gemeinsam ist die Konzentration des Passionsgeschehens auf das Wesentliche. Tilman Riemenschneider bleibt der spätgotischen Tradition verhaftet, welche Grünewald, darin schon ein Renaissance-Mensch, in den individuellen Ausdruck hinein überwindet. Er, der nie eine große Werkstatt besaß, zog sich auf seine künstlerische Ausdrucksform zurück.

Die Renaissance

Als »Renaissance« bezeichnet man ein Kulturphänomen, das alle Lebensbereiche umfasste, jedoch sehr mit der Bildung zusammenhing. Dieser kulturelle Aufbruch vollzog sich in den frühen Jahrzehnten des 15. Jahrhunderts in Florenz und eroberte in der ersten Hälfte des 16. Jahrhunderts ganz Italien und Europa. Die Renaissance-Kunst gründet einerseits auf der Hinwendung zur Antike und andererseits in der Entdeckung der Perspektive, welche es den Künstlern ermöglichte, die dreidimensionale Realität wirklichkeitsgetreu wiederzugeben. Allerdings geht es nicht, wie der Begriff »Rinascitá« (»Wiedergeburt«) vordergründig vermuten ließe, um eine Nachahmung des klassischen Altertums wie etwa später im Klassizismus (1770–1830). Die Antike wird zwar als Leit- und Vorbild anerkannt, aber nicht kopiert. Vielmehr wird die wissenschaftliche Erforschung der Natur und der Geschichte zu einer Grundlage der Kunst. Entscheidend für die Qualität eines Kunstwerks ist von nun an seine Originalität.

Seit der Renaissance gilt der Künstler als Intellektueller, ist also kein anonymer Handwerker mehr, der hinter seinem Werk im Dunkeln bleibt. Somit stellt sich der Künstler in seinen Arbeiten auch selbst dar. Jeder bedeutende Renaissance-Künstler hat daher seinen unverwechselbaren persönlichen Stil ausgeprägt.

4 Ehen und Kinder, Wohlstand und Ämter

KINDER UND ZWEI NEUE EHEN

Nach neun gemeinsamen Ehejahren verstarb Anna Riemenschneider 1494. Tilman befand sich nun in einer ähnlich schwierigen Lage wie seine Frau zu Zeiten ihrer Witwenschaft. Nach wie vor sollte eine Ehefrau an der Seite ihres Mannes einem Handwerkshaus vorstehen. Riemenschneiders Tochter Gertrud, möglicherweise immer noch seine Stiefsöhne sowie seine Gesellen und Lehrlinge waren zu versorgen. Dienstmägde oder Kindsmägde, die speziell die Kleinkinder betreuten, genügten dafür nicht. Wie weit ihn die Trauer um seine Frau beeinträchtigt und wie sehr ihn eine innere Einsamkeit ergriffen hat, lässt sich nur vermuten.

Meister Riemenschneider begab sich nach einer angemessenen Trauerzeit erneut auf Brautschau. Ob ihm die Kontakte innerhalb der Zünfte dabei »hilfreich« waren, ist nicht bekannt. Jedenfalls fand er in Anna Rappolt schon bald eine zweite Ehefrau, zu deren Alter und Herkunft jedoch keine Angaben überliefert sind. Durch die Heirat im Jahr 1497 vermehrten sich die Rücklagen der Meisterwerkstatt, denn Anna Rappolt brachte ein Haus bei der Würzburger Domstraße in den Familienbesitz ein.

In der zweiten Ehe kamen vier Kinder zur Welt: die Söhne Jörg (Georg), Hans und Bartholomäus sowie eine weitere Tochter, deren Vorname nicht tradiert ist. Jörg und Hans werden das Handwerk ihres Vaters erlernen, wobei Jörg vor seiner Heirat im Jahr 1522 Meister werden und bald die Werkstatt im »Hof zum Wolfmannsziechlein« übernehmen wird. Hans wird als Bildhauer nach Nürnberg gehen, Bartholomäus als Maler nach Südtirol. Handwerkliches Geschick und Künstlertum lagen offenbar in der Familie. Von den drei Stiefsöhnen aus der ersten Ehe sind zwei – wie ihr verstorbener Vater Ewald Schmidt – Goldschmiede geworden.

Doch Tilman Riemenschneider musste auch seine zweite Ehefrau bereits 1506 oder 1507 zu Grabe tragen. Der Tod war ein selbstverständlicher Begleiter des Lebens und galt sogar als eine Erlösung vom mühevollen Dasein. Die Menschen konnten jederzeit von Seuchen wie der Pest heimgesucht werden. Die Infektionsgefahr war aufgrund schlechter hygienischer Bedingungen sehr hoch; Unfälle drohten, und kriegerische Handlungen taten ein Übriges. Auch die Kindersterblichkeit gehörte gewissermaßen zum Alltag. Insofern ist es denkbar, dass Riemenschneider in seinen vier Ehen mehr Kinder als die erwähnten hatte. Doch seine Erfahrungen mit dem Tod und der Trauer kamen seinen Werken zugute, was sich so oft im melancholischen Ausdruck seiner Figuren widerspiegelt.

Wiedergabe des Leidens

Eine wichtige Aufgabe der spätmittelalterlichen Meister bestand in der Veranschaulichung der Passion Christi. Seit den Kreuzzügen und der sinnlichen Jesus-Mystik Bernhards von Clairvaux (um 1090–1153), dem Mitbegründer des Zisterzienserordens (1115), sowie der Zeit des heiligen Franz von Assisi (1181/82–1226) war die Frömmigkeit nicht mehr auf das Bild des göttlichen Königs am Kreuz ausgerichtet, sondern dem mitfühlenden und für die Menschen leidenden Erlöser Jesus zugewandt. Und genau dieses Thema entsprach der nachdenklichen Art Tilman Riemenschneiders.

So erfreute sich im späten Mittelalter die vollplastische Wiedergabe des Ölberggebets Jesu großer Beliebtheit. Die ersten Kunstwerke dieser Art entstanden Anfang des 15. Jahrhunderts. Bei den steinernen »Ölbergen« im Freien gedachte man vor allem am Gründonnerstagabend der Todesangst Christi. Im 15. und beginnenden 16. Jahrhundert beschäftigte der Todesgedanke die Menschen ungeheuer stark. Die Todesbilder von Hans Holbein d. J. (1497/98–1543), Hans Burkmair d. Ä. (1473–1531) oder Urs Graf (um 1485–1528) und das »Memento mori« (»Gedenke des Todes!«) eines Hans Baldung Grien (1484/85–1545) weisen darauf hin. Das Ölberggebet Jesu lehrt die Gläubigen vorbildlich die »Ars Moriendi« (»Die Kunst des Sterbens«). In einem zeitgenössischen Straßburger Nonnengebetbuch (Staatsbibliothek Berlin) ist eine Klosterfrau dargestellt, die so dicht neben dem im Garten Gethsemane knienden Jesus betet, dass seine Schweißtropfen auf sie fallen. Ebendieses Eingehen ins Bild sollen die »Ölberge« den andächtigen Menschen ermöglichen.

Auch Riemenschneider hat mehrere solcher Szenen in Stein gehauen: 1499 für die Martinskirche von Königheim (westlich von Tauberbischofsheim), 1510 für die Laurentius-Kirche in Würzburg-Heidingsfeld und um 1511 für St. Burkhard, die älteste Kirche Würzburgs. Die dortige Christusfigur ging wahrscheinlich schon 1525 verloren, als aufständische Bauern hier lagerten und mutwillig ein *steinern Bildniß* zerschlugen. Während der Meister sich bei seinen Altarreliefs mit demselben Thema an Grafiken seiner Zeit als Vorbilder hielt, konnte er bei den »Ölbergen« seine ganze bildhauerische Erzählkunst entfalten. Damit gelangen ihm gleichsam in Stein gehauene Passionsspiele.

Im Jahr 1508 heiratete Riemenschneider zum dritten Mal, und zwar wiederum eine Witwe: Margarethe Wurzbach war die Frau eines Schmiedemeisters gewesen und brachte ein weiteres, in der Wagnergasse (Neubaustraße) gelegenes Stadthaus sowie einige Weinberge mit in die Ehe. Gemeinsame Kinder scheinen Riemenschneider und seiner dritten Frau nicht beschieden gewesen zu sein. Das wird auch für die spätere vierte Ehe gelten. Es sei denn, die Kinder sind früh gestorben, oder die Schriftstücke, in denen sie genannt waren, sind verloren gegangen. Das Haus in der Wagnergasse wird 1525 in den Besitz Jörg Riemenschneiders übergehen.

DIE FLORIERENDE WERKSTATT

Inzwischen flossen dem Meister und seiner Werkstatt die Aufträge aus Würzburg und anderen Gemeinden der Region reichlich zu. Seine Kunst war auch in höherstehenden Kreisen gefragt, und die Arbeiten waren gut dotiert. Er galt offenbar politisch und kirchlich als zuverlässig, denn im Klerus hatte man natürlich ein Interesse daran, dass die Inhalte der religiösen Darstellungen den theologischen Vorgaben entsprachen. So erstellte er in dieser Zeit etwa das Grabmal des Fürstbischofs Rudolf von Scherenberg für den Würzburger Dom, den »Heiligblutaltar« für die Kirche St. Jakob in Rothenburg, den »Kreuzaltar« für die Dominikanerinnen dortselbst oder den »Marienaltar« für die »Herrgottskirche« in Creglingen.

Einen besonders ehrenvollen wie lukrativen Auftrag für ein neues »Kaisergrab« im Dom erhielt er 1499 aus Bamberg. Mögliche Konkurrenten aus der Domstadt oder aus der Freien Reichsstadt Nürnberg hatten den Bamberger Fürstbischof Heinrich III. Groß von Trockau (reg. 1487–1501) und seine Domkapitulare offensichtlich nicht überzeugen können. Vielleicht war auch der Würzburger Fürstbischof Lorenz von Bibra (reg. 1495–1519) von den Werken Riemenschneiders so angetan, dass er eine Empfehlung für den Künstler aussprach. Für die Gebeine der Bamberger Bistumsheiligen, Kaiser Heinrich II. und seine Gemahlin Kunigunde, sollte ein repräsentatives Hochgrab geschaffen werden. Heinrich (König ab 1002; Kaiser: 1014–24) hatte 1007 das Bistum Bamberg gegründet. Meister Riemenschneider hat das »Kaisergrab« für den Bamberger Dom allerdings erst 1513, also 14 Jahre nach Erteilung des Auftrags, vollendet. Die Gründe für diese Verzögerung bleiben im Unklaren.

War man sich vertraglich einig, wurde ein Vorschuss gezahlt, ein »Angeld«, wobei man selbstverständlich den gesamten Kaufpreis, der oft in Raten zu entrichten war, bereits ausgehandelt hatte. Hin und wieder musste der Vorschuss angemahnt werden. Es versetzt doch etwas in Erstaunen, dass Riemenschneider trotz der hervorragenden Auftragslage und seines reichlichen Grundbesitzes nicht immer genügend Mittel zur Verfügung hatte und deshalb bisweilen gezwungen war, sich Geld zu leihen, sei es durch eine Hypothek auf seinen »Hof zum Wolfmannsziechlein« oder mehrmals gegen entsprechende Sicherheiten vom Rat der Stadt.

Natürlich hatte jeder Auftraggeber eine möglichst kurze Lieferfrist im Sinn, doch bei einem ›angesagten‹ Künstler und einem komplexen Werk musste man sich bisweilen auf Jahre einstellen; und ein solcher Künstler ließ sich nicht gern in die Karten schauen oder zu Korrekturen nötigen. Bei den ersten Vertragsverhandlungen wurden skizzenhafte Entwürfe (»Visierungen«) des geplanten Werks vorgelegt. In diesen Gesprächen ging es bereits um die Größe und die Anzahl der Figuren sowie ihre künstlerische Ausgestaltung. Werkstätten, die schon länger im Geschäft waren, konnten dabei auf einen ergiebigen Skizzenvorrat zurückgreifen. Die Meister hatten nicht nur die Arbeit ihrer Gesellen und Lehrlinge zu beaufsichtigen, sondern sie konnten auch vertraglich verpflichtet werden, die entscheidende Ausführung eines Werks selbst vorzunehmen. Damit wurde in der Regel gewährleistet, dass der Kunde ein Original des Meisters erhielt, denn der Auftraggeber hatte gleichfalls sein Prestige im Blick. Bei vielbeschäftigten Meistern war eine solche Vereinbarung durchaus angebracht, vor allem wenn sie noch andere Aufgaben wahrnahmen.

DER RATSHERR

Tilman Riemenschneider hatte es gewiss seinem Bekanntheitsgrad und seiner gesellschaftlichen Stellung zu verdanken, dass er im Jahr 1504 ins bürgerliche Ratskollegium der Stadt Würzburg berufen wurde, dem er bis 1525 angehörte. Seit 1444 umfasste dieses Kollegium, dem die Verwaltung der Stadt in praktischen Belangen oblag, 24 Mitglieder und zwei Bürgermeister. Seit 1495 jedoch bestimmten der Bischof oder das Domkapitel, wer in den Rat der Stadt aufgenommen wurde, wobei die Mitgliedschaft lebenslang bestehen blieb. Riemenschneider ist von den Domkapitularen aus einer Vorschlagsliste ausgewählt worden und hat, nachdem er den Treueeid geleistet hatte, den Platz eines verstorbenen Ratsherrn eingenommen.

Die Räte der Stadt trafen sich zu ihren Versammlungen in dem zwischen dem Dom und der Alten Mainbrücke gelegenen »Grafeneckarthof«. Der Gebäudekomplex mit seinen romanischen Untergeschossen und seinem markanten Turm, der ursprünglich ein mittelalterlicher Wohnturm war, geht auf die Zeit um 1200 zurück und diente zunächst den bischöflichen Burggrafen als Verwaltungssitz. Einer dieser sogenannten »Schultheißen« (Verwalter) war der namensgebende Vizegraf und staufische Ritter Eckehard (1164–99).

Im Jahr 1316 hatte die listige Bürgerschaft eine kurzfristige Abwesenheit des Bischofs genutzt, um den ansehnlichen Hof von dem arg verschuldeten Ritter Kuno von Rebstock zu erwerben, womit sie ihren Landesherrn bei dessen Rückkehr vor vollendete Tatsachen hatte stellen können. Seit jenem Jahr befindet sich im »Grafeneckarthof« – längst ergänzt durch mehrere rückwärtige Gebäude – das Rathaus der Stadt Würzburg. Zur Erweiterung des Komplexes bezog man 1822 ein aufgelöstes Karmelitenkloster mit ein, dessen Kirche 1826 abgetragen wurde. 1506 hatte Tilman Riemenschneider im Auftrag der Stadt einen runden Ratstisch geliefert, der mittlerweile im Mainfränkischen Museum steht.

Der Ratstisch

Tilman Riemenschneider hat nur wenige profane Arbeiten gefertigt. Neben dem Wappenstein des Domherrn Pankraz von Redwitz, der vom ehemaligen Domherrnhof Tannenberg am Paradeplatz in Würzburg stammt (Sandstein, 1498; heute im Mainfränkischen Museum), und zwei im selben Museum zu sehenden »Lüsterweibchen« (Deckenleuchter aus Lindenholz, Hirschgeweih und Eisen, um 1510–15) ist insbesondere der Tisch für das Würzburger Rathaus zu nennen (1506).

Nach seiner Wahl zum Fürstbischof von Eichstätt musste der allseits beliebte Domherr Gabriel von Eyb (1455–1535) Würzburg verlassen. Zum Abschied schickten ihm die Ratsherrn eine Fuhre Frankenwein, wofür der neue Bischof sich mit einer Tischplatte aus Solnhofer Stein revanchierte. Tilman Riemenschneider, selbst seit zwei Jahren Ratsherr, erhielt den Auftrag, den Stein *lustig und hübsch* zu fassen. Auf der Platte sollten die Wappen des Stifters Gabriel von Eyb, des eigenen Landesherrn

Lorenz von Bibra und der Stadt Würzburg zu sehen sein. Da der Auftrag unter sein eigenes Ressort als Stadtbaumeister fiel, musste er sich die sieben Gulden Lohn selbst anweisen.

Für die Tischplatte schnitzte er einen schweren »Stuhl« (Untergestell) aus Eichenholz, dessen drehbarer Mittelstamm die Platte trägt. Das spätgotische Schnitzwerk hat nichts mehr von dekorativer Verspieltheit an sich, sondern wirkt funktionell, solide und klar. Leider wurde die Steinplatte 1945 durch Bombeneinwirkung so beschädigt, dass nur das mittlere, mit den Wappen verzierte Stück gerettet werden konnte. Der größere Teil der Platte musste nachgefertigt werden. Das Untergestell ist noch im Original vorhanden.

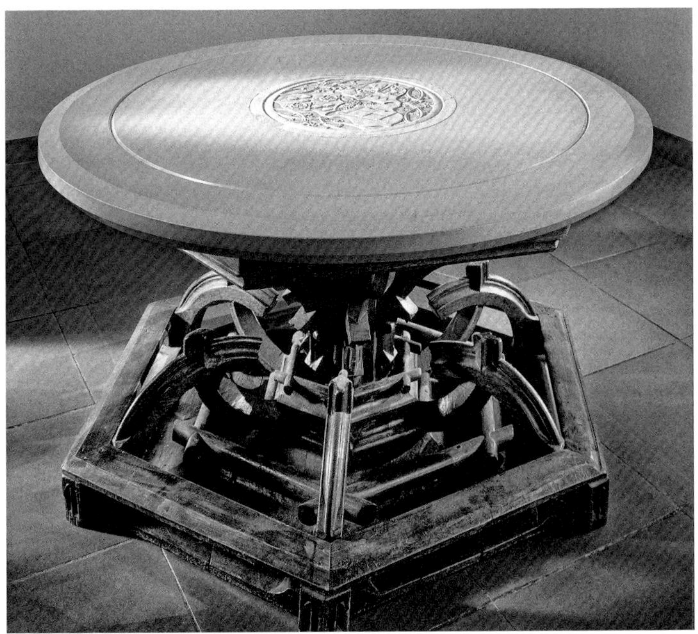

Den prunkvollen spätgotischen Ratstisch fertigte Riemenschneider im Jahr 1506 für das Würzburger Rathaus. Heute ist er im Mainfränkischen Museum zu sehen.

Die Ratsherren teilten die Pflichten unter sich auf. So war Tilman Riemenschneider zeitweise für das Steueramt, für das Bauwesen, die Bürgerspitalstiftung oder die Fischgewässer der Stadt zuständig. Er sorgte für die Pflege der Marienkapelle, wurde »Unterbergmeister« des Domkapitels, hatte in dieser Funktion also die Weinberge resp. den Weinbau des Kapitels zu beaufsichtigen, und erfuhr die Ehre, viermal in den »Oberen Rat« der Stadt gewählt zu werden, der paritätisch mit Bürgern und Klerikern besetzt war, aber letztlich wie die gesamte Stadt dem Bischof unterstand. Die Tätigkeiten als Rat der Stadt hatten überwiegend einen ehrenamtlichen Charakter, wurden also nur gering entlohnt. Da ein Ratsherr jedoch beinahe täglich davon in Anspruch genommen wurde, musste er anderweitig über sichere Einkünfte verfügen. Neid, Anfeindungen und falsche Beschuldigungen blieben natürlich nicht aus.

Riemenschneider galt bei politischen Verhandlungen als diplomatisch geschickter Vermittler, zögerte außerdem nicht, den Klerus und die Adeligen – gewiss sehr zu deren Ärger – an ihre Steuerpflichten zu erinnern, und war um das Wohlergehen der kleineren Leute und der Bürger bemüht. Hierbei mag ihm der sozial eingestellte Vater ein Vorbild gewesen sein. Aus einem christlichen Impetus heraus öffnete er sich den gesellschaftlichen Fragen seiner Zeit, die nicht zuletzt durch die beginnende Reformation sowie den nachfolgenden Bauernaufstand massiv an Bedeutung gewannen.

Die reformatorischen Ideen fanden auch in Würzburg innerhalb der Bevölkerung und der Geistlichkeit eine bereitwillige Anhängerschaft. Gerade die Domherren waren aufgrund ihrer humanistischen Bildung aufgeschlossen dafür, zumal selbst Fürstbischof Lorenz von Bibra dem Humanismus keineswegs abgeneigt war. Ja, als Martin Luther (1483–1546) im April des Jahres 1518 auf seiner Reise nach Heidelberg – um an dem dortigen Ordenskonvent der Augustiner teilzunehmen – in Würzburg Station machte, wurde er sogar vom Fürstbischof empfangen und erhielt von ihm einen Geleitbrief. Dass er zudem Tilman Riemenschneider begegnet ist, kann nicht belegt werden.

Religiös war vieles in Bewegung geraten, obwohl die Reformen innerhalb der Klöster und des Klerus nicht angegangen wurden. Fürstbischof Konrad II. von Thüngen, der 1519 Lorenz von Bibra nachfolgte, sollte in seinem Bistum auf der althergebrachten kirchlichen Ordnung bestehen.

Humanismus in Franken

Der Humanismus ist eine elitäre Bildungsbewegung, die – vom Italien des 14. Jahrhunderts ausgehend – auf der Überzeugung beruht, dass sich die Humanität in der Menschheitsgeschichte nur ein einziges Mal, nämlich in der klassischen Antike, geoffenbart hat, und dass deshalb in der antiken Literatur die Normen für die eigene Kultur, also für eine Erneuerung der Philosophie, der Literatur und der Kunst, zu suchen sind. »Humanus« bedeutet »irdisch«, »menschlich«, »menschenwürdig«.

Abgesehen von Sachsen und Thüringen hat kein Land des Alten Reiches die Anregungen des Humanismus so intensiv aufgenommen wie Franken. In Schweinfurt wurde einer der frühen Humanisten, der Jurist Gregor Heimburg (um 1400–72), geboren. In Padua studierte er die Rechtswissenschaft. Zudem verfügte er über eine gute Kenntnis der antiken Rhetorik. Aus dem ebenfalls fränkischen Königsberg stammte der Mathematiker und Astronom Johann Müller (1436–76), der sich nach seiner Heimatstadt latinisiert »Regiomontanus« nannte (»Königsberger«) und als Erster seine naturwissenschaftlichen Studien auf der antiken Mathematik und Astronomie gründete.

An der Spitze der deutschen Humanisten stand aber der in Wipfeld bei Schweinfurt geborene Dichter Konrad Celtis (1459–1508), der von Kaiser Friedrich III. 1487 in Nürnberg mit der Dichterkrone ausgezeichnet wurde. Mit Adam Ries (1492–1559), dem Rechenmeister aus Staffelstein, hat Franken einen weiteren großen Humanisten hervorgebracht. Der Geistliche Johann Böhm aus dem unterfränkischen Aub an der Gollach schrieb 1520

die erste Volkskunde, worin er Sitten und Gebräuche der Völker Afrikas, Asiens und Europas untersucht.
Nicht alle Humanisten begeisterten sich wie der in der mittelfränkischen Stadt Spalt zur Welt gekommene Georg Burckhardt (1484–1545) – nach seiner Geburtsstadt »Spalatinus« genannt – für die Reformation. Spalatin studierte in Erfurt und Wittenberg Philosophie, Jura und Theologie. In Wittenberg schloss er sich dem Humanistenkreis um »Conradus Mutianus Rufus« (Konrad Muth, 1470–1526) an, einem radikalen Verfechter der humanistischen »vita solitaria« (des »einsamen Lebens«) und der stoischen »beata tranquilitas« (der sprichwörtlichen »stoischen Ruhe«). Spalatin wurde Prinzenerzieher und Hofprediger am kursächsischen Hof und nach der Bekanntschaft mit Martin Luther eifrigster und dabei doch bedachtsamer Förderer der Reformation im Kurfürstentum Sachsen.

EPITAPH DES FÜRSTBISCHOFS RUDOLF VON SCHERENBERG

Aus rotem Marmor sollte es sein, das Grabdenkmal des 1495 im hohen Alter von 95 Jahren verstorbenen Fürstbischofs Rudolf II. von Scherenberg (reg. 1466–95) für den Würzburger Kiliansdom. So wollte es der neue Fürstbischof Lorenz von Bibra (reg. 1495–1519), der um die Jahreswende 1495/96 sogar den aufwendigen Transport des Steins aus Salzburg in die Mainmetropole organisierte, um ihn wahrscheinlich gleich bei Meister Riemenschneider abliefern zu lassen; denn ihm hatte Lorenz von Bibra den Auftrag für das Grabmal erteilt.

Schon 1467 hatte Kaiser Friedrich III. (König ab 1440; Kaiser: 1452–93) bei dem Niederländer Niclas Gaerhart van Leyden (um 1430–73) eine prächtige Grabtumba aus dem kostbaren roten Stein für sich bestellt. Als schließlich 1493 die Beisetzungsfeierlichkeiten für den Kaiser im Wiener Stephansdom stattfanden, war auch eine Gesandtschaft aus Würzburg angereist. Vermutlich hat der Eindruck, den das gewaltige kaiserliche Grabmal damals bei den Würzburgern hinterlassen hatte, die Wahl des Materials für das fürstbischöfliche Epitaph beeinflusst.

Erst im Alter von 65 Jahren hatte Rudolf von Scherenberg die Leitung des am Rande zum Ruin stehenden Fürstbistums übernommen. Die Scherenberger hatten fast durchwegs im Dienste der Fürstbischöfe von Würzburg gestanden, doch Bischof Rudolf war der Letzte des Adelsgeschlechts. Tilmans Oheim Nikolaus Riemenschneider hatte dem Fürstbischof über viele Jahre in hohen Ämtern und zuletzt als Fiskal gedient (s. S. 12f.).

Als das Grabmal 1499 endlich vollendet war, erwies es sich als ein Meisterwerk. Die greise Gestalt des Bischofs scheint, fast schon körperlos und wie schwebend, durch ein Tor zu treten. Schwer lastet der bischöfliche Ornat auf dem schwindenden Körper, die hohe Mitra auf

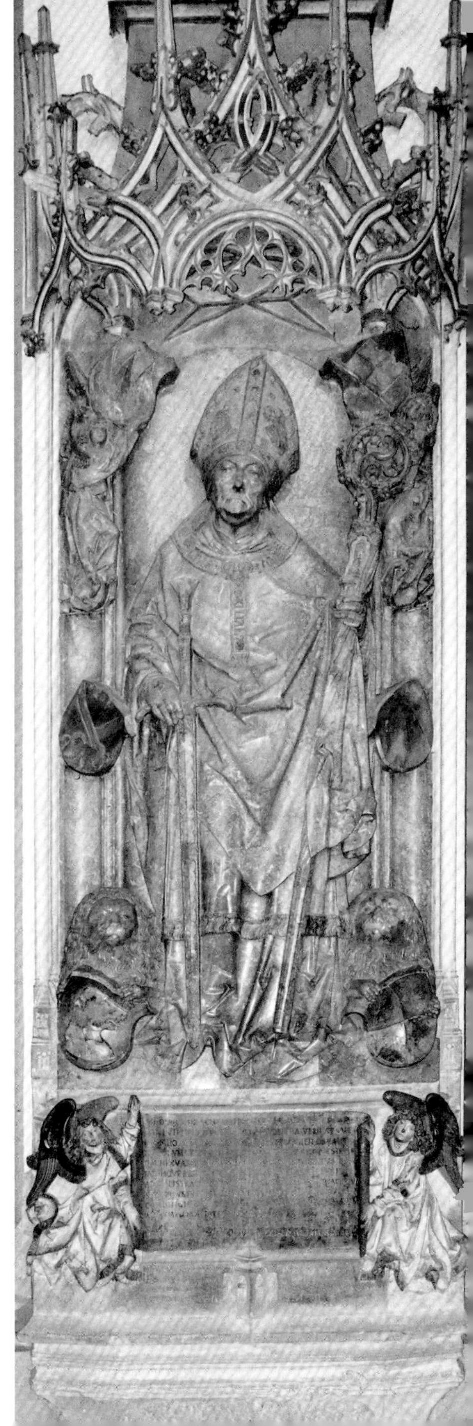

Aus Marmor gefertigtes Epitaph des Fürstbischofs Rudolf II. von Scherenberg im Würzburger Dom, 1496–99.

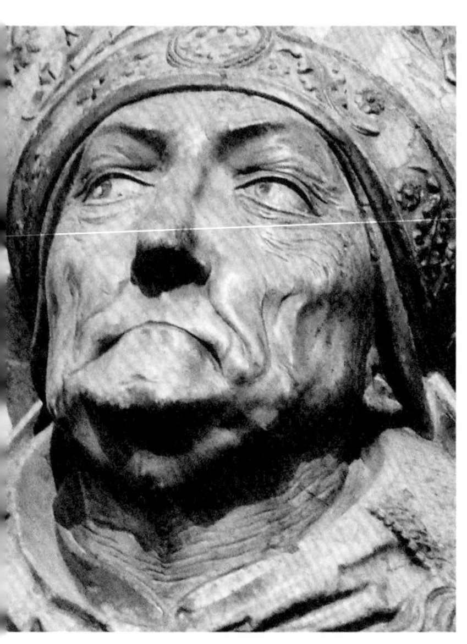

Gesichtszüge des Bischofs von Scherenberg. Tilman Riemenschneider hat sie lebensnah und detailreich herausgearbeitet.

dem leicht zur Seite geneigten Haupt. Während sich die übrige Formensprache des Grabmals mit dem Rankenwerk, den Wappen und den Wappenlöwen durchaus in den damals herkömmlichen Stil einfügt, geht Riemenschneider bei der Ausarbeitung des bischöflichen Antlitzes neue Wege. Den Raum um das Gesicht hat er bewusst leer gelassen, damit dieses seine volle Wirkung entfalten kann. Ohne Zweifel ist der Meister dem Fürstbischof mehrmals persönlich begegnet.

Aus der Erinnerung formte er nun das Gesicht eines hochbetagten Mannes, der in einem langen, entbehrungsreichen und von lastender Verantwortung geprägten Leben zur Weisheit des Alters gelangt war. Tiefe Furchen durchziehen das Antlitz. Die Lippen, über dem zahnlosen Mund nur sichelförmige Striche, vermitteln im Verein mit den hochgeschwungenen Augenbrauen Willenskraft und ein energisches Wesen. Dennoch strahlt das seelenvolle Bild auch Güte und Milde aus.

Freilich, Riemenschneider hat die Abweichungen vom Standard der üblichen Epitaphe, sprich: das Schwebende der Gestalt und die realistisch wirkenden greisenhaften Züge, nicht allein erfunden. Das um knapp anderthalb Jahrhunderte ältere und ebenfalls auf einen Würzburger Meister zurückgehende Epitaph des 1352 verstorbenen Fürstbischofs Friedrich I. von Hohenlohe im Bamberger Dom weist nämlich dieselben Eigenschaften auf, die in ihrer Zeichenhaftigkeit sogar noch radikaler sind, und strebt damit bereits über die dem Symbolischen verhaftete gotische Kunst hinaus.

Der Würzburger Dom
Der Dombau hat in Würzburg eine Geschichte, die bis ins 8. Jahrhundert zurückreicht. Es gab zwei Vorgängerbauten der heutigen Bischofskirche, deren Gründung um das Jahr 1040 von Bischof Bruno (reg. 1034–45) veranlasst wurde. Die Kathedrale erhielt 1188 ihre Schlussweihe, wurde aber im 13. sowie im 15. bis 18. Jahrhundert mehrfach verändert, wozu auch die Barockisierung des Innenraums gehörte. Im März 1945 wurde der Dom bei einem Bombenangriff sehr stark beschädigt. Erst 1960 war die Bischofskirche außen und 1967 schließlich innen vollständig restauriert. In den Jahren 2011 und 2012 erfolgte eine umfassende Renovierung.
Der Patron der Domkirche ist der aus Irland stammende Frankenapostel Kilian, der hier zusammen mit seinen Begleitern Kolonat und Totnan das Christentum verkündet hat. Die drei Missionare erlitten 689 den Märtyrertod und wurden nahe dem späteren Dom bestattet. Besonders erwähnenswert sind u. a. die von Tilman Riemenschneider geschaffenen Grabmale der Fürstbischöfe Rudolf von Scherenberg und Lorenz von Bibra an der linken Säulenreihe des Langhauses.

EPITAPH DES RITTERS KONRAD VON SCHAUMBERG

Beim Grabstein (1500–um 1502) für den Ritter Konrad von Schaumberg in der Würzburger Marienkapelle verzichtet Tilman Riemenschneider auf alles schmückende Beiwerk. Sogar das Kennzeichen des ritterlichen Standes, den Helm, lässt er bemerkenswerterweise beiseite. Auf der Heimreise aus dem Heiligen Land war der Edelmann am 30. November 1499 plötzlich verschieden. Viele Jahre hatte er als Hofmarschalk in den Diensten Fürstbischofs von Scherenberg gestanden, war Ratsherr in Würzburg und beliebter Turniergenosse gewesen.

Das ritterliche Antlitz erinnert an den »Adam« der Marienkapelle, und tatsächlich zeigt die darin liegende Nachdenklichkeit eine kaum zu leugnende »Verwandtschaft«. Das Gesicht des Ritters ist, trotz der umrahmenden Lockenpracht, nicht mehr das Gesicht eines Jünglings, der auf das ihm bevorstehende Leben blickt, sondern das eines Sechzigjährigen, der zurückschaut. Leise Wehmut hat sich eingeschlichen; Konrad scheint einer der letzten edlen Ritter zu sein. Rüstung und Waffen wirken an der zierlichen Gestalt nicht mehr martialisch, sondern sind nur noch Standeszeichen. Vom Rittersein, dem »Meister Til« hier die letzte Ehre erweist, bleibt allein das »Ritterliche«.

DAS KAISERGRAB IM BAMBERGER DOM

Der Dom des Fürstbistums Bamberg ist reich an historischen Schätzen. Er beherbergt das einzige nördlich der Alpen vorhandene Grab eines Papstes, Clemens II., vormals Bischof Suitger von Bamberg (gest. 1047). Zu Füßen des »Bamberger Reiters« (König Stephan I. von Ungarn) erhebt sich das Grabmonument des heiliggesprochenen Kaiserpaares Heinrich II. und Kunigunde, das verwandtschaftliche Beziehungen zum ungarischen Königshaus hatte. Riemenschneider schuf das Hochgrab zwischen 1499 und 1513.

Die Heiligenkulte um Heinrich (König ab 1002; Kaiser: 1014–24) und Kunigunde (um 980–1033) hatten sich getrennt voneinander entwickelt, sodass ihre Gebeine in unterschiedlichen Schreinen innerhalb des Doms aufbewahrt wurden und je eigene Pilgerziele waren. Mit einem gemeinsamen Grab, so dachte man, ließen sich die Wallfahrten vereinigen. Den Auftrag bekam Tilman Riemenschneider vom Bamberger Fürstbischof Heinrich III. Groß von Trockau (reg. 1487–1501) und vom Domkapitel. Am 19. August 1499 unterschrieb Riemenschneider den Vertrag für das »Kaisergrab«.

Auf der Deckplatte der aus marmorglattem Solnhofer Kalkstein gefertigten Tumba liegt, in herrschaftliche Gewänder gehüllt, das Kaiserpaar. An den Seitenwänden sind fünf Reliefs mit Szenen aus dem Leben Heinrichs und Kunigundes angebracht, wie sie die 1488 von Anton Koberger in Nürnberg auf Deutsch gedruckte »Legenda aurea« des Jacobus de Voragine (s. S. 38) berichtet.

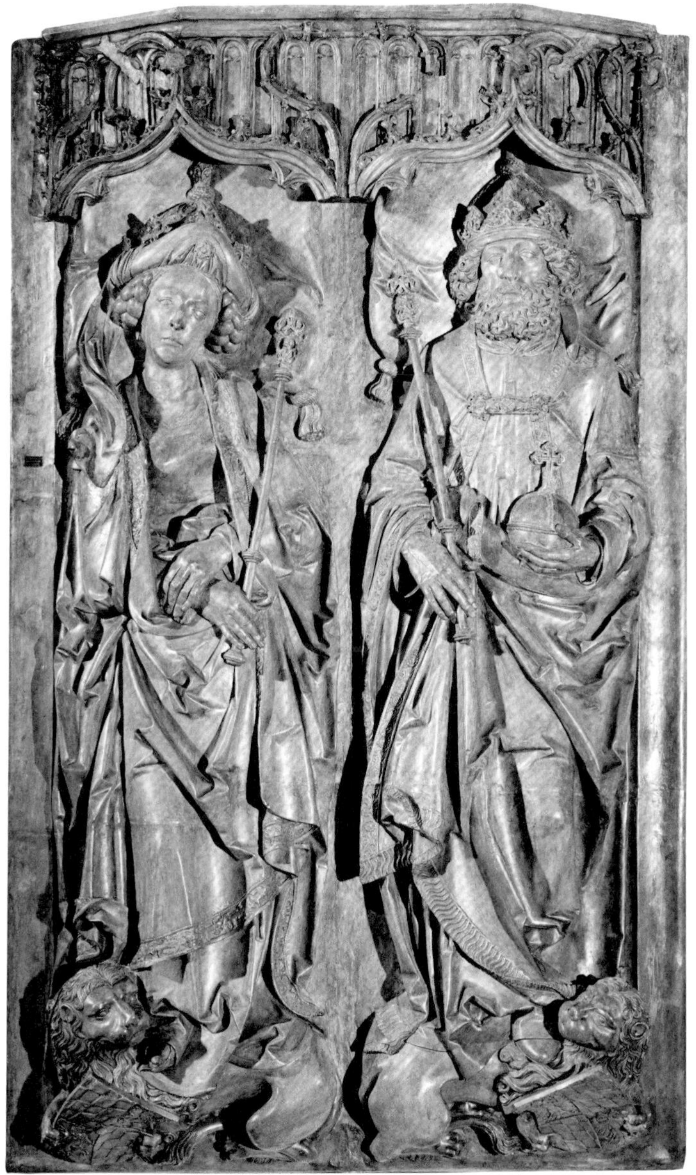

Das »Kaisergrab« Heinrichs II. und seiner Gemahlin Kunigunde im Bamberger Dom, 1499–1513.

Auf der Seite der Kaiserin sieht man die *Feuerprobe*. Barfuß schreitet Kunigunde über glühende Pflugscharen, ohne sich dabei die Füße zu verbrennen, während ein vom Teufel angestachelter Höfling die in Wirklichkeit unschuldige Kaiserin Kunigunde bei ihrem Gemahl als Ehebrecherin anschwärzt. Verstockt und abgewandt von seiner Frau steht Heinrich am linken Rand der Szene, wobei er die Hände auf den Knauf eines Krückstocks gelegt hat.

Das zweite Relief auf der Seite Kunigundes zeigt die *Entlohnung der Bauleute*. Eines Abends nämlich kam es beim Bau der Bamberger St. Stephanskirche, die ihre Gründung einer Stiftung der Kaiserin verdankt, fast zum Aufruhr. Die Tagelöhner fühlten sich ungerecht entlohnt. Als ihnen Kunigunde auf ihrem Schoß eine Schüssel mit Pfennigen darbot, damit ein jeder sich nach Belieben etwas davon nehme, konnte der einzelne wunderbarerweise nur so viel herausholen, wie ihm zustand. Zögerlich treten die Arbeiter hinzu, allein schon ob des Angebots der Herrin und erst recht ob des Wunders erschrocken.

Auf der Seite des Kaisers sind dessen wunderbare *Heilung von einem Steinleiden* und die *Seelenwägung* zu sehen, während am Fußende der Tumba *Heinrich auf dem Sterbebett* zu betrachten ist. Seines Steinleidens wegen hatte der Kaiser dereinst sogar am Grab des heiligen Benedikt in Monte Cassino Hilfe gesucht. Erschöpft von seiner vergeblichen Mühe – auf dem Tisch im Hintergrund stehen die wirkungslosen Arzneimittel – ist der Arzt an Heinrichs Bett eingeschlafen. Doch indes schneidet der heilige Benedikt dem ebenso schlafenden Kaiser unbemerkt den Stein heraus und legt ihn in dessen Hand. Auf dem Relief ist zudem ein interessantes Detail zu erkennen: Im Mittelalter ging man unbekleidet zu Bett. Man legte sich auch nicht flach danieder wie im Tode, sondern schlief in aufgerichteter Haltung.

Im nächsten Relief wiegt der Erzengel Michael mit einer gewaltigen Waage die guten Werke des Kaisers gegen seine schlechten auf. Im Hintergrund steht Heinrich am Ende seines Lebens ins Gebet versunken. Schon senkt sich die Waage auf der schlechten, sündigen Seite nach unten, zusätzlich hinabgedrückt durch kleine Teufel. Da wirft der heilige Laurentius einen schweren Kelch, den der Kaiser ihm einst gestiftet hat, in die Waagschale der guten Werke, sodass die Schale mit den Sünden nach oben schnellt.

Nicht einmal des Kaisers Pantoffeln hat Riemenschneider auf dem Sterbebett-Relief vergessen: Sie sind unter eine an das Bett herangerückte Truhe gerutscht. Das Schoßhündchen, das sich darauf krümmt, wittert den Teufel, der am Fußende des Bettes kniet. Mit lockendem, übergroßem Zeigfinger versucht er die Seele des Sterbenden an sich zu ziehen. Heinrich hingegen weist auf seine weinende Gattin.

Die lebensgroßen Figuren des Kaiserpaars auf der *Deckplatte* konnten von damaligen Wallfahrern höchstens im Profil betrachtet werden. Den Bildhauer störte das nicht, schuf er die Werke doch überwiegend zur Ehre Gottes. Riemenschneider hat die Deckplatte aus zwei Teilen gefertigt. Die beiden Figuren sind jedoch kompositorisch vielfach aufeinander bezogen: Die leichten S-Kurven ihrer Körper schwingen zueinander; einander zu neigen sich auch ihre Zepter; die Mantelsäume treffen in einer Linie zusammen; und selbst die Wappenlöwen zu den Füßen der beiden Heiligen sehen sich gegenseitig an. Die Antlitze des Kaiserpaars drücken demütig getragenes und überwundenes Leid aus. Diesen Wesenszug, der sich bei allen Heiligendarstellungen Riemenschneiders finden lässt, überträgt der Künstler vom Antlitz des gekreuzigten Christus auf seine Heiligenbildnisse.

DER HEILIGBLUTALTAR

Auf der westlichen Empore der evangelischen Stadtkirche St. Jakob in Rothenburg ob der Tauber steht Riemenschneiders berühmter »Heiligblutaltar«, der im Grunde nicht nur ein Altar, sondern eine Monstranz, ein riesiges Schaugefäß allein für einen Tropfen Blutes, die »Heiligblutreliquie«, ist. Sie soll aus dem Kelch stammen, den Christus beim Letzten Abendmahl verwendet hat. Im Gesprenge des Altars, flankiert von Maria und dem Erzengel Gabriel, wird die Reliquie in einer Kristallkapsel auf einem von Engeln gehaltenen Kreuz (um 1270) verwahrt.

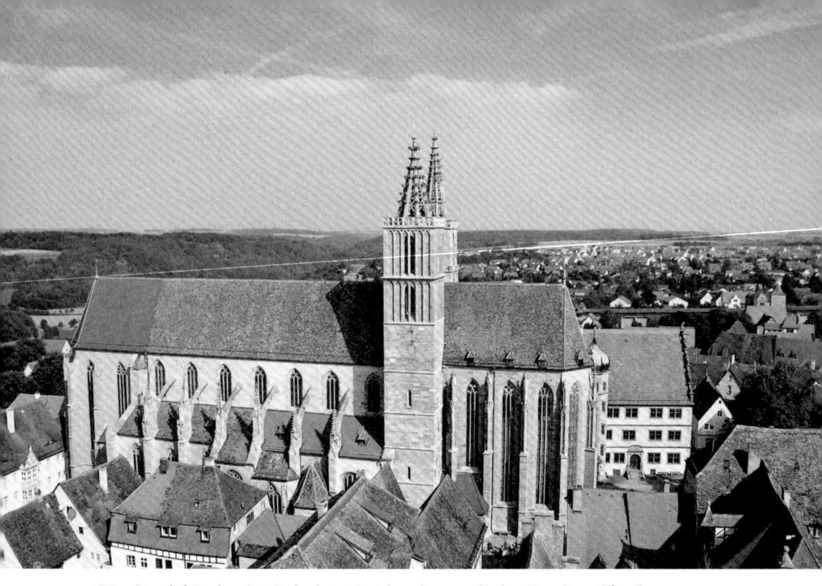

Die Stadtkirche St. Jakob in Rothenburg ob der Tauber. Ihr Inneres beherbergt den »Heiligblutaltar« Tilman Riemenschneiders.

Darunter öffnet sich ein herrlicher Schrein. Dieser Flügelaltar wurde von Riemenschneider, vergleichbar mit dem »Magdalenenaltar« in Münnerstadt (s. S. 37ff.), nicht mehr als »Wandelaltar«, sondern mit feststehenden Flügeln konzipiert. Ein solch hochkompliziertes und detailgenaues Werk erforderte durchdachte Produktionsmethoden, damit sich viele der Arbeiten an die Gesellen delegieren ließen. Für die Gesichter, Frisuren und Gewandfalten war ein Typenvorrat vorhanden, der unterschiedliche Kombinationen erlaubte. In der Apostelgruppe des Altars taucht beispielsweise dasselbe Gesicht dreimal auf, nur versehen mit verschiedenen Frisuren.

Tilman Riemenschneider rückt überraschenderweise nicht Jesus, sondern Judas in den Mittelpunkt der Szene, und nichts deutet darauf hin, dass er in ihm den typischen Bösewicht sah. Zaghaft nähert sich der Unglückliche dem Herrn. Seine zögerliche Körperhaltung drückt eher eine Frage denn seine Entschlossenheit zum hinterhältigen Verrat aus – ganz so, als ahnte er, dass Jesus von dem Verrat weiß und immer gewusst hat. Bei den Seitenflügeln hat Riemenschneider sich auf je eine Szene beschränkt, was zur Anschaulichkeit der Gesamtkomposition beiträgt. Links führt Jesu Einzug in Jerusalem in die Passion ein, rechts ist sein Ölberggebet dargestellt. Dieses passt zur Heiligblut-Thematik, denn der Evangelist Lukas berichtet, dass Jesus am Ölberg Blut geschwitzt hat (Lukas 22, 4).

Der Rat der Stadt Rothenburg gab dem Würzburger Meister 1501 den Auftrag zur Ausgestaltung des Schreins und der Altarflügel. Das Gehäuse hatte man bereits 1499 beim einheimischen Schreiner Erhart Harschner bestellt. Dieser musste seine begonnene Arbeit dann aber noch einmal ändern, hatte er doch, wie üblich, einen hinten geschlossenen Kasten angefertigt. Riemenschneider dagegen wünschte eine durchbrochene Rückwand und setzte sich mit seiner Idee durch. Er fertigte den Altar zwischen 1501 und 1505 aus Lindenholz. Zur gleichen Zeit hatte er die Arbeiten am Bamberger »Kaisergrab« begonnen und führte mit Hilfe seiner Werkstatt 14 Figuren für die Würzburger Marienkapelle aus (s. S. 43).

Der Verzicht auf eine farbige Fassung ließ den Altar in den Augen der Zeitgenossen eher »billig« erscheinen. Riemenschneider erhielt auch nur die vergleichsweise niedrige Summe von 60 Gulden. Vielleicht wurde der Altar deshalb vor der Zerstörung durch Bilderstürmer gerettet. Der Reformator Andreas Bodenstein (genannt »Karlstadt«, um 1486–1541) sollte nämlich an Ostern 1525, also zur Zeit des Bauernkriegs (s. S. 80ff.), in der Stadt predigen. Zur selben Zeit entmachteten radikale Kräfte den Rat. Im Jahr 1544 sollte die Stadt endgültig die Reformation einführen. Doch die zur Verehrung weniger einladende monochrome Fassung des Altars wird bei den reformatorischen Gemütern wohl keinen Anstoß erregt haben, zumal sie erzählerisch ausgeführt war. Mag sein, dass der Würzburger Meister in den vierschrötigen Aposteln einen leisen Ton sozialer Kritik durchklingen ließ, doch vor allem ging es ihm um die lebensnahe, realistische Schilderung einer Tischszene.

Die erzählenden Bilder waren in der Spätgotik modern geworden. Schon die figurenreichen »Kalvarienberge« (Ort der Kreuzigung Jesu) gehören dazu. Im Mainfränkischen Museum

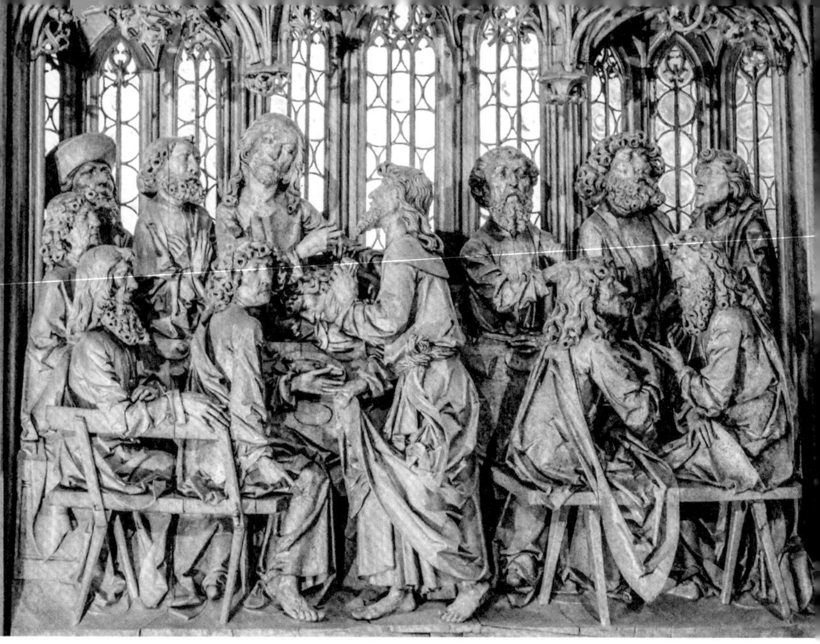

Detail des aus Lindenholz geschnitzten »Heiligblutaltars« in der Rothenburger St. Jakobskirche, 1501–05.

auf der Festung Marienberg kann man eine weitere derartige Passionsdarstellung betrachten: Wolfgang Katzheimers (um 1435/40–1508) »Dornenkrönung« aus der Zeit um 1480. Wie auf Riemenschneiders »Heiligblutaltar« ist hier Christus aus der Bildmitte herausgerückt. Stattdessen erweitert sich der Blick auf eine Szenerie mit mehreren Handlungszentren.

DER KREUZALTAR

Im Taubertal liegt nordwestlich von Rothenburg das Dorf Detwang mit seiner zwischen 961 und 984 gegründeten romanischen Kirche St. Peter und Paul. In den Turmchor wurde ein »Kreuzaltar« regelrecht hineingezwängt, dem man sofort ansieht, dass er ursprünglich nicht für diesen Ort geschaffen worden war. Seine Ausmaße sind für die Kirche viel zu groß. Zudem bemerkt man, dass er in der Breite verkürzt wurde, und zwar um 40 cm, weshalb die Blicklinie der rechts am Kreuz stehenden Figur nicht mehr stimmt. Wie Abrechnungen des

Kirchenpflegers belegen, hat man den Altar 1653/54 von Rothenburg hierher gebracht. Es gilt als wahrscheinlich, dass er vormals im dortigen Kloster der Dominikanerinnen aufgestellt war (Gründung des Klosters 1258; Vollendung der Klosterkirche 1270; Aufhebung des Klosters 1544; Abriss der Kirche 1813; heute Reichsstadtmuseum).

Doch erst Mitte des 19. Jahrhunderts wurde der Altar seinem Stil nach wieder mit Tilman Riemenschneider in Verbindung gebracht. Die Entstehung des Werks wird für die Zeit vor 1510 angenommen. Die Reliefs der Seitenflügel – Jesus am Ölberg (links), Christi Auferstehung (rechts) – lassen als Vorbilder deutlich die entsprechenden Kupferstiche aus der Passionsfolge Martin Schongauers (um 1445/50–91) erkennen.

Ein Vergleich mit dem von einem Schüler Riemenschneiders angefertigten »Passionsaltar« in der Kirche St. Peter und Paul von Wettringen (südlich von Rothenburg) legt die Annahme nahe, dass beim Detwanger Altar unter dem Kreuz ursprünglich Maria Magdalena kniete und dass sich nahe der beiden Gruppen links und rechts des Kreuzes noch zwei Heiligenstatuen befanden. Erhalten blieb auf jeden Fall das theologische Konzept des Altars: Die linke Gruppe der trauernden Frauen mit dem Apostel Johannes schart sich um Maria, die rechte Gruppe der Soldaten um den Hohepriester Kaiphas. So stehen der »Neue Bund«, repräsentiert durch die Mutter Jesu, und der »Alte Bund«, vertreten durch den Hohepriester, einander gegenüber, ähnlich wie bei den gotischen Kathedralen die Figuren »Ecclesia« und »Synagoga«.

Vergleicht man den »Kreuzaltar« abermals mit den Darstellungen spätgotischer »Kalvarienberge« (s. S. 73f.), fällt sofort Riemenschneiders Bemühen um Konzentration und Verinnerlichung auf. Ihm geht es weniger um die Wiedergabe eines biblischen Schauspiels, sondern vor allem darum, den Betrachter zum Nachdenken zu bringen. Wie er das erreicht, wird beispielsweise an der Haltung der Gottesmutter deutlich: Sie kreuzt ihre Hände über der Brust. Dadurch schließt sie ihre Person nach außen hin ab, das heißt, sie konzentriert sich und verinnerlicht stellvertretend für den Betrachter das Geschehen.

Interessant ist, dass die Gottesmutter unter dem Kreuz die gleiche Haltung einnimmt wie auf dem Verkündigungsrelief des Creglinger »Marienaltars«. Freilich ist das Kreuzen der Hände ein verbreitetes Motiv bei Marienbildern, das wiederum Martin Schongauer sowohl bei Kreuzigungsbildern als auch bei Darstellungen der Geburt Christi verwendet hat.

DER CREGLINGER MARIENALTAR

Nahe der Tauberstadt Creglingen (nordwestlich von Rothenburg) erhebt sich an einem vom Herrgottsbach durchflossenen Seitental und inmitten eines Friedhofs eine alte Wallfahrtskirche, die *Herrgottskirche*. Sie ist über jener Stelle erbaut, an der im Jahr 1384 ein Bauer beim Pflügen auf eine unversehrte Hostie gestoßen sein soll. Direkt über dem Fundort steht der Creglinger »Marienaltar« mit geöffneten Flügeln ganz frei in der Mitte des Kirchenraums. Nach der im Zuge der Reformation erfolgten Aufhebung der Wallfahrt geriet der Altar weitgehend in Vergessenheit, blieb aber von der Zerstörung verschont. Man klappte seine Flügel einfach zu und benutzte ihn, da die Kirche fortan als Friedhofskapelle diente, zum Aufhängen von Kränzen.

Freilich hatte man in Erinnerung behalten, dass im Schrein des spätgotischen Flügelaltars die *Abgöttin der Katholischen* verborgen war. 1832 öffnete der Kirchenpfleger Michael Dreher die Flügel und stand fasziniert vor dem großartigen Kunstwerk. Fünf Jahre später skizzierte der Nürnberger Architekturzeichner und Kupferstecher Georg Christian Wilder (1797–1855) den Altar, konnte ihn aber noch keinem Künstler zuordnen. Man sprach behelfsweise vom *Meister des Creglinger Altares*, den man ob der stilistischen Verwandtschaft mit dem »Heiligblutaltar« in Rothenburg in Verbindung brachte. Als die Urkunden zu Letzterem gefunden wurden, die Tilman Riemenschneider als dessen Schöpfer ausweisen, war auch die Urheberschaft des »Marienaltars« geklärt. Die Entstehungszeit ist für die Jahre 1505 bis 1510 anzusetzen.

Der »Marienaltar« der Herrgottskirche in Creglingen, 1505–10.

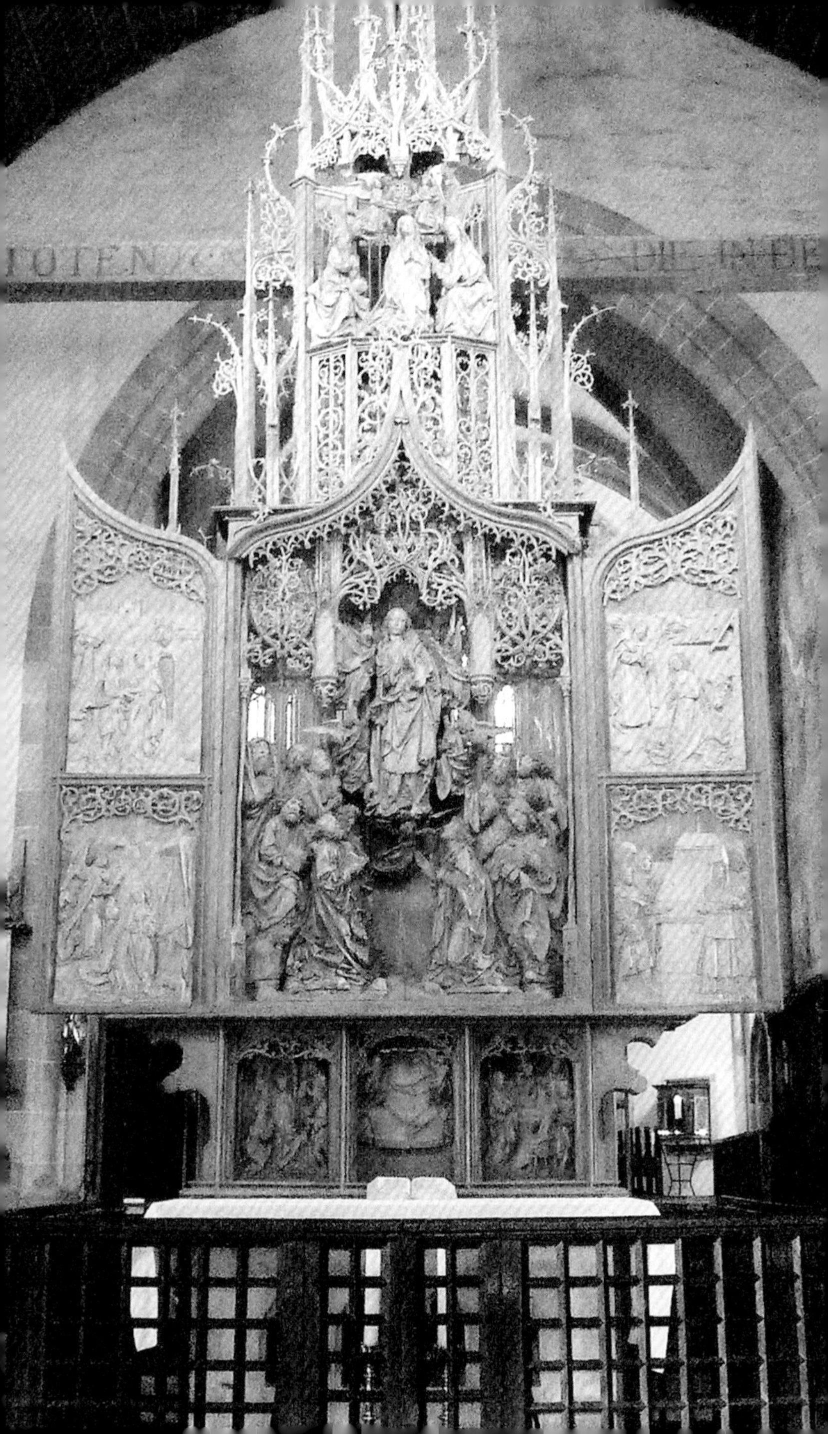

Die Thematik des »Creglinger Altars« entstammt teils dem biblischen, teils dem legendenhaften Marienleben. Im Hauptschrein ist die Himmelfahrt der Gottesmutter wiedergegeben. Auf den Reliefs des linken Seitenflügels findet sich oben die »Heimsuchung«, also der Besuch Marias bei Elisabeth, und darunter die »Verkündigung«, die sich hier seltsamerweise vor einer halbfertigen oder abgebrochenen Mauer unter freiem Himmel ereignet. Dieses Motiv ist auch bei Martin Schongauer und dem »Meister E. S.« auf ihren Darstellungen der Geburt Christi zu entdecken.

Auf dem rechten Seitenflügel sieht man oben Christi Geburt. Das Jesuskind liegt nicht in der Krippe, sondern ebenerdig auf Marias Mantel, während diese das Kind anbetet. Das Motiv entstammt den Offenbarungen der heiligen Birgitta von Schweden (1302/03–73) und hat stark auf die spätmittelalterliche Ikonografie eingewirkt. Das untere Relief zeigt den frommen und vom Heiligen Geist erleuchteten Simeon – allerdings im Ornat alttestamentlicher Priester –, der Jesus im Tempel auf seinen Armen gehalten hat (Lukas 2, 22-35).

In der Mitte der »Predella« (Sockel des Flügelaltars) wird ein Tuch von zwei Engeln gehalten. Davor ist der Platz für die Aussetzung des Allerheiligsten, also das Aufstellen der geweihten (konsekrierten) Hostie in einem wertvollen Gefäß zum Zwecke der Verehrung. Links davon findet sich die Anbetung der Heiligen Drei Könige, während rechts eine Szene abgebildet ist, die auf den ersten Blick an die Auffindung des zwölfjährigen Jesu durch seine Eltern im Tempel zu Jerusalem erinnert (Lukas 2, 41–52). Doch das dargestellte Kind ist höchstens fünf Jahre alt.

Es handelt sich hier um eine Szene aus dem apokryphen »Thomasevangelium«, das nicht ins Neue Testament aufgenommen worden ist. In dieser Szene wird der fünfjährige Jesus zur Schule gebracht, weil der Lehrer Zachäus es so forderte. Der Schulmeister beginnt den Unterricht mit dem Buchstaben »Alef« (dem ersten des hebräischen Alphabets). Der Fünfjährige erklärt jedoch sofort alle geheimen religiösen Bedeutungen des Buchstabens, sodass der verblüffte Lehrer vermutet, Jesus müsse gar schon vor der Erschaffung der Welt gewesen sein. –

Das Relief ist von wesentlicher Bedeutung für die Riemenschneider-Forschung, denn hier hat sich der Meister hinter dem sitzenden Zachäus selbst porträtiert.

Der Hauptschrein deutet mit den durchbrochenen Fenstern im Hintergrund einen Kirchenraum an; dies kann aber nur symbolisch gemeint sein, da sich das wiedergegebene Geschehen im Freien abspielt. Zwischen zwei Apostelgruppen – die linke von Petrus, die rechte von Johannes angeführt – wird Maria von fünf Engeln zum Himmel emporgetragen. Bereits wie entrückt formt sie die Hände in betender Haltung. Links im Hintergrund trifft gerade, wie es die Legende erzählt, der Apostel Thomas verspätet ein. Er hat noch die Kapuze des Reisemantels über den Kopf gezogen und sieht als Erster aus der Ferne die wunderbare Erscheinung der Himmelfahrt Mariens, während die übrigen Apostel, die am Grabe der Jungfrau gewacht haben, noch ins Gebet vertieft oder wie benommen sind. Der Altar hoch oben im Gesprenge (architektonisch gestalteter Abschluss) wird durch die himmlische Krönung der Muttergottes abgeschlossen.

Riemenschneider hat das Motiv der »Entschlafung Marias« (»Dormitio Mariae«) zum ersten Mal ähnlich der Himmelfahrt Christi ausgeführt. Bis dahin wurde der Marientod – wie bis heute noch in der Ostkirche – so dargestellt, dass die Gottesmutter von den Jüngern umgeben auf dem Totenbett liegt. Christus tritt bisweilen hinzu, um ihre Seele, sichtbar als kleine Marienfigur, in Empfang zu nehmen. Aber diese traditionelle, in breiterer Abmessung gehaltene Abbildung war wegen des sperrigen Betts und der versammelten Apostelschar für das seit dem 13. Jahrhundert verstärkte vertikale Format der Altaraufsätze nicht mehr geeignet.

5 Der Bauernkrieg von 1525

LETZTES GLÜCK

Erneut hatte der Tod sich eingefunden. Riemenschneiders dritte Ehefrau Margarethe muss vor 1520 gestorben sein, denn in diesem Jahr ging er eine vierte Ehe ein. Von dieser vierten Ehefrau ist nur der Vorname überliefert: Margaretha. Als sicher kann angenommen werden, dass sie ihren Gemahl Tilman überlebt und in guten wie in schlechten Tagen, die bald kommen sollten, zu ihm gehalten hat. Das spricht freilich nicht gegen die vorherigen Ehefrauen oder gegen die Liebe und den Respekt von beiden Seiten, da sich in jeder der Ehen Glückliches und weniger Glückliches ereignet haben wird.

Zunächst aber wurde Margaretha die Ehefrau eines Bürgermeisters. Am 12. November 1520 war Tilman Riemenschneider nämlich vom Rat der Stadt auf ein Jahr in dieses Amt gewählt worden. Damit stand er nicht nur dem Ratskollegium vor, sondern hatte es auch nach außen hin zu vertreten. Die Rangfolge unter den beiden Bürgermeistern war so geregelt, dass der jüngere immer dem älteren – in diesem Fall Riemenschneider – als helfende Hand beigeordnet war. Der Ältere leitete die Sitzungen des Rates und konnte seine Autorität bei allen Beschlüssen geltend machen. Mit diesem hohen Amt hatte Riemenschneider den Zenit seiner öffentlichen Beliebtheit und seines künstlerischen Erfolgs erlangt. Nach dem Jahr als Bürgermeister blieb er weiterhin ein angesehener und einflussreicher Ratsherr.

Doch auch die Jahre höchster Anerkennung verliefen nicht unbeschwert. Denn ein verantwortungsbewusster Bürgermeister und Ratsherr konnte seine Augen vor den sozialpolitischen Konflikten in Stadt und Land nicht verschließen. Gerade unter den Bauern Süddeutschlands gärte es seit der zweiten Hälfte des 15. Jahrhunderts erheblich, weil sie sich von ihren Feudalherren ungerecht behandelt fühlten. Diese Auseinandersetzungen machten auch vor den Städten wie Würzburg nicht halt und sollten mit dem Übergreifen des sogenannten »Bauernkriegs« auf die Bürger der Stadt schließlich zu einer politischen und persönlichen Niederlage Tilman Riemenschneiders führen.

DER AUFSTAND DES »GEMEINEN MANNES«

Der Begriff »Bauernkrieg« hat sich im 19. und 20. Jahrhundert eingebürgert, obwohl er nicht ganz korrekt ist: Es handelt sich nämlich nicht um einen reinen Bauernaufstand. In der Innsbrucker Kanzlei Erzherzog Ferdinands (1503–64), des Bruders Kaiser Karls V., bezeichnete man die Erhebung als *Empörung des Gemeinen Mannes*. »Gemeiner Mann« war dabei ein Synonym für »Untertanen«. Allerdings umfasst der Begriff nicht alle gesellschaftlichen Gruppen. Wer wie Knechte und Mägde, wie das fahrende Volk und Söldner in der Stadt kein Haus oder keinen Hof im Dorf besaß, hatte in den Augen der Obrigkeit nur wenig mit dem »Gemeinen Mann« zu tun. Solche nichtsässigen und besitzlosen Leute nannte man »Pofel« oder »Pöbel«.

Unter »Bauernkrieg« ist vielmehr eine politische und soziale Bewegung der Bauern und Handwerker auf dem Lande und der unteren Bürgerschicht in den Städten zu verstehen. Die als »Haufen« bezeichneten Versammlungen dienten zunächst nur dem Protest, auch wenn die Leute bewaffnet waren. Die »Allgäuer Artikel«, die Bundesordnung des »Allgäuer Bauernhaufens« vom 24. Februar 1525, bestimmten, dass man denjenigen, die in den Dörfern oder andernorts Aufruhr machten, Frieden gebieten solle.

Die Bewaffnung der Bauern bestand aus Schwertern, Spießen, Dolchen und anderen damals gebräuchlichen Waffen. Die »Haufen« verfügten sogar über Geschütze, deren Bedienungsmannschaften von Söldnern gestellt wurden. Viele ausgediente Landsknechte, die selbst Bauernsöhne waren, schlossen sich ihnen an. Auch einige Ritter stellten sich auf die Seite des »Gemeinen Mannes« – entweder aus Überzeugung wie Florian Geyer von Giebelstadt (um 1490–1525) oder halbherzig und mehr aus Eigennutz wie Götz von Berlichingen (um 1480–1562).

Die »Haufen« waren hervorragend organisiert; sie hatten eine eigene Lagerordnung, einen Führer mit Räten zur Seite und jeweilige Unterführer für die einzelnen »Fähnlein«, die

An die verſamlung gemayner Pawerſchafft/ſo in Hochteütſcher Nation/vnd vil anderer ort/mit empörung vñ auffrůr entſtandẽ.ꝛc. ob jr empörung billicher oder vnpillicher geſtalt geſchehe/ vnd was ſie der Oberkait ſchuldig oder nicht ſchuldig ſeind.ꝛc. gegründet auß der heyligen Götlichen geſchrifft/von Oberlendiſchen mitbrüdern gůtter maynung außgangen vnd beſchriben.ꝛc.

Hie iſt des Glückradts ſtund vnd zeyt
Gott wayſt wer der oberiſt bleybt.

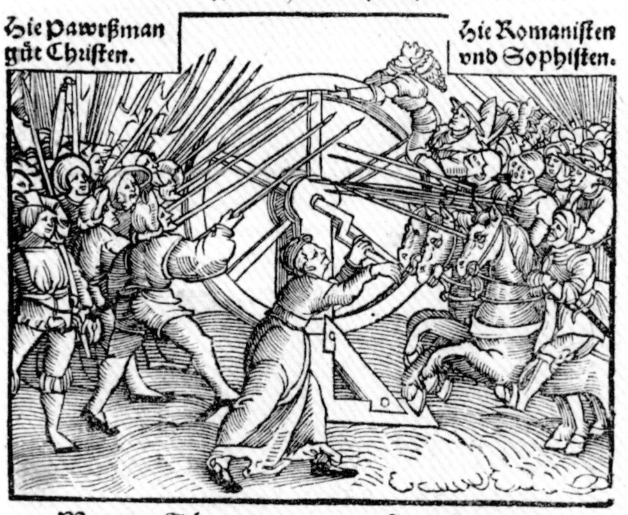

Titelblatt der Flugschrift »An die versamlung gemayner Pawerschafft« mit einem Holzschnitt von 1525, Nürnberg.

zwischen 300 und 600 Mann starke Einheiten bildeten. Prediger standen für die täglichen Gottesdienste zur Verfügung. Durchaus beeindruckend war auch die Größe der »Haufen«, die sich jeweils aus mehreren »Fähnlein« zusammensetzten. Der »Baltringer Haufen« (benannt nach dem Ort Baltringen südlich von Ulm) zählte über 12 000 Mann, der »Seehaufen« vom Bodensee nicht ganz 12 000.

Die Versorgung solcher Menschenmassen war allerdings eine schwierige Aufgabe. Neben dem Groll auf die geistliche Herrschaft, die im Unterschied zur weltlichen konsequent abgelehnt wurde, war vor allem dieses Problem eine Ursache für die Plünderung der Klöster mit ihren randvollen Kellern. Freilich, auch Kunstwerke wurden von Bilderstürmern zerstört, und so mancherlei Wertgegenstände hat man sich wohl nicht entgehen lassen.

Das erklärte Ziel der Erhebung war es, *der Gerechtigkeit Beistand zu tun*, nicht jedoch die Obrigkeit abzuschaffen. Diese Parole war allerdings den radikal Gesinnten bei Weitem nicht genug, wie etwa dem Anführer vom »Neckartaler Haufen«, Jäcklein Rohrbach (vor 1500–25), einem streitsüchtigen, zu Gewalttätigkeiten neigenden Mann, sowie seiner Ratgeberin Margarete Renner (um 1475–1535) aus Böckingen, die nach ihrem verstorbenen Ehemann Peter Albrecht Hofmann die »Schwarze Hofmännin« genannt wurde.

Der »Bundschuh«

Eine der Wurzeln des Bauernkriegs lag in der »Bundschuh«-Bewegung Südwestdeutschlands. Das namengebende Schuhwerk – die typische Fußbekleidung des einfachen Mannes – bestand aus Leder und wurde mit langen Riemen gebunden. Im Jahr 1493 erklärten verschworene Bürger und Bauern in Schlettstadt im Elsass diesen Schuh zum Symbol ihrer Auflehnung. Man verlangte u. a. die Annullierung des »Ungelds« (Verbrauchssteuer), dazu die Gewährung eines »Jubeljahrs«, in dem alle Schulden erlassen werden, die Aufhebung des Zolls, leider auch die Vertreibung der Juden, die Abschaffung der Ohrenbeichte und die Verringerung der Pfarrerspfründe. Doch die Verschwörung wurde verraten, die ergriffenen Bürger und Bauern enthauptet oder gefoltert und an Händen und Fingern verstümmelt.

1502 setzte sich der leibeigene Bauer Joß Fritz (um 1470–1525) unter dem Zeichen des »Bundschuhs« in Untergrombach (nördlich von Karlsruhe) an die Spitze einer Protestbewegung gegen den Bischof von Speyer, Ludwig von Helmstatt (reg. 1478–1504), die von mehr als 7000 Personen unterstützt wurde. Der Bischof wollte seine rege Bautätigkeit mittels einer Abgabenerhöhung finanzieren. Auch diese Verschwörung wurde aufgedeckt, und zwar von einem Pfarrer durch den Bruch des Beichtgeheimnisses. Joß Fritz konnte jedoch entkommen, wobei die Anführer den Kontakt im Untergrund halten konnten. In Diensten Balthasars von Blumeneck, des Herrn auf Schloss Lehen bei Freiburg im Breisgau, organisierte Fritz im Jahr 1513 zusammen mit Stoffel von Freiburg einen weiteren Aufstand. 14 Artikel wurden damals beschlossen, die den »Zwölf Artikeln« des Bauernkriegs (s. u.) sehr ähnlich sind. Nach abermaligem Verrat wurde der Aufstand am 6. Oktober 1513 niedergeschlagen, bevor er richtig begonnen hatte. Joß Fritz gelang erneut die Flucht.

DIE LASTEN DES »GEMEINEN MANNES« UND DIE RELIGION

Die christlich orientierten »Zwölf Artikel«, die am weitesten verbreitete Programmschrift des Bauernkriegs, berufen sich auf die Gleichheit aller Menschen vor Gott. Die Artikel wurden in einer für die damalige Zeit gewaltigen Auflage von 25 000 Exemplaren in Augsburg, Breslau, Konstanz, Magdeburg, Nürnberg, Regensburg, Erfurt und Straßburg gedruckt und über ganz Deutschland verteilt. Man kann davon ausgehen, dass sie auch in Würzburg auf fruchtbaren Boden fielen und von Tilman Riemenschneider gelesen wurden.

Die Bauern empfanden die Leibeigenschaft, unter der sie standen, als äußerst drückend. Diese brachte eine Menge

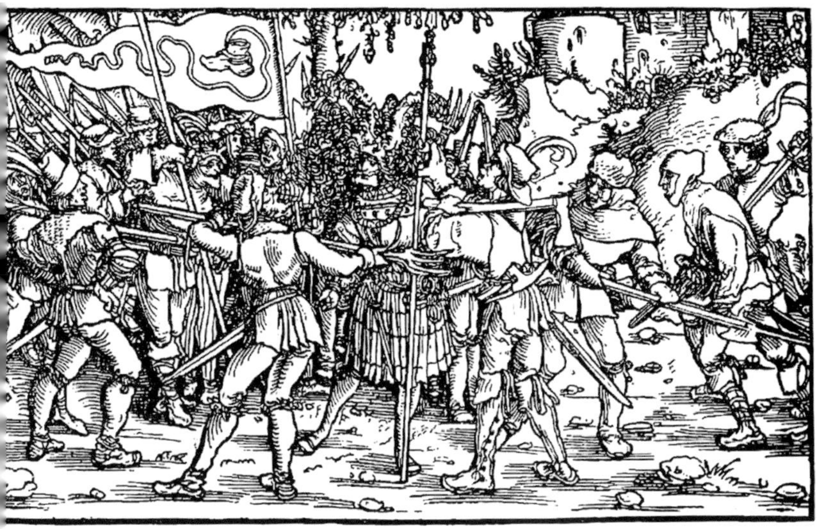

Aufständische Bauern mit der »Bundschuh«-Fahne. – Holzschnitt aus dem »Trostspiegel« des Petrarca-Meisters, 1539.

Belastungen für die Menschen mit sich: Zunächst war »der Zehnte«, also die Abgaben, an die Herrschaft zu entrichten. Der »große Zehnte« umfasste den Wein und die »vier Körner« Gerste, Hafer, Roggen und Dinkel oder Weizen. Als »kleiner Zehnter« wurde der Anspruch des Grundherrn auf den zehnten Teil von Kraut, Rüben, Zwiebeln, Hirse, Erbsen, Obst und Heu bezeichnet. Dazu kam der »lebende« oder »Blutzehnte« für Pferde und alle Nutztiere bis zum Huhn; selbst die Bienenstöcke waren eingeschlossen.

Verständlicherweise wurde das sogenannte »Besthaupt« für eine besondere Schikane gehalten: Es bestimmte, dass beim Tod des Bauern das beste Stück Vieh oder beim Hinscheiden der Hausfrau deren schönstes Kleid an die Herrschaft abgegeben werden musste. Die Leibeigenschaft sicherte dem Leibherrn dazu einen Anteil an der Erbschaft. Der »Handlohn«, der bis zu einem Zehntel des Vermögens ausmachen konnte, war beim Umzug oder Besitzerwechsel zu zahlen. Dazu kam die »Gült«, eine Art Grundsteuer oder Pachtzins, welcher jährlich für die Nutznießung des Landes zu entrichten war. Bis zu 40 Prozent der Ernte wurden bisweilen eingefordert. In schlechten Erntejahren gerieten die Bauern dabei schnell in Schwierigkeiten. In den Jahren 1523 und 1524 war dies der Fall.

Die »Frondienste« (Knechtsdienste für den Feudalherrn) dagegen wurden nur dann als untragbar empfunden, wenn die Herrschaft sie zur Zeit der Aussaat oder zur Erntezeit verlangte oder sie nicht auf eine bestimmte Anzahl von Tagen im Jahr beschränkte. Dazu zählten Hand- und Spanndienste und das »Fronen« für Botengänge sowie bei der Jagd und der Ernte. Ein wirklich großes Ärgernis war die Einschränkung der Freizügigkeit und der Heiratserlaubnis; denn das Anwachsen der Städte und die damit verbundene Landflucht hatte zur Folge, dass diejenigen Bauernsöhne, welche in der Stadt Arbeit fanden, sich auch dort ihre Partnerinnen aussuchten. Da sie diese ohne Erlaubnis aber nicht heiraten durften, lebten viele Paare in ungesetzlichen Partnerschaften zusammen.

Zu all diesen Feudallasten kamen aber noch die staatlichen Abgaben hinzu. Die Fürsten versuchten, ihre Territorien zu kleinen Staaten auszubauen. Nicht nur die Bauern wurden dabei immer mehr in ein Untertanenverhältnis gedrängt, sondern auch die Städte und Ritter. Letztere begaben sich entweder in den Dienst eines Fürsten oder stellten sich schließlich auf die Seite der Bauern. Die wichtigste staatliche Steuer war das »Ungelt«, eine Steuer auf Fleisch, Korn, Bier und Wein. Sie war allerdings nicht in Naturalien, sondern in Geld zu entrichten. Die Zölle, die sich durch die Kleinstaaterei ergaben, bedeuteten vor allem für den Handel eine extreme Belastung. Den Weinexport traf speziell der »güldene Zoll«, der dem Würzburger Fürstbischof seit dem Jahr 1468 auf ewige Zeiten zustand. Die »Bed« oder »Bethe« hatte man im Fürstbistum erstmals als Sonderabgabe während der Hussitenkriege erhoben. Inzwischen trieb man sie für den Krieg gegen die Türken als »Türkensteuer« ein. Wollte der Landesherr ein Heer aufstellen und dazu Söldner anwerben, forderte er von seinen Untertanen zusätzlich ein »Reisgeld« als eine weitere Art der Kriegssteuer.

Von Anfang an war bei der Entstehung der Bauernbewegung auch das christlich-theologische Gedankengut von grundlegender Bedeutung. Die Auffassung, dass die Bibel als »göttliches

Gesetz« (»lex Dei« oder »lex Christi«) anzusehen sei, wurde von dem englischen Theologen John Wyclif (vor 1340–84) vertreten und von dem tschechischen Reformator Jan Hus (um 1369–1415) fast wörtlich übernommen. Die Predigten, in denen die Geistlichen davon sprachen, übten einen großen Einfluss auf die Bauern aus. Eine ähnlich starke Wirkung auf die Protesthaltung des »Gemeinen Mannes« hatte Martin Luthers (1483–1546) Auffassung von der christlichen Freiheit. Anfangs zeigte der Wittenberger Reformator viel Verständnis für die Bauern, lehnte aber jede Form des Aufruhrs ab.

Riemenschneiders Landesherr jener Jahre, Fürstbischof Konrad II. von Thüngen (reg. 1519–40), verortete die Wurzeln der sozialen Aufstände ausschließlich in der Reformation. Ob sich auch bei Tilman Riemenschneider das Interesse für die Anliegen des »Gemeinen Mannes« mit seiner religiösen Einstellung verband, ist im Letzten nicht mit Sicherheit zu sagen. Selbst das häufige Vorkommen des Themas »Maria« in seinen Werken spräche nicht gegen eine Sympathie für die Reformation, da die theologischen Abgrenzungen zwischen den sich entwickelnden Konfessionen zu dieser Zeit noch nicht eindeutig festgelegt waren. Mit Blick auf sein stadtpolitisches Engagement würde der Künstler tatsächlich in das Bild des selbstbewusst, eigenverantwortlich und weltzugewandt auftretenden Reformers passen. In seiner Kunst jedoch zeigt Riemenschneider auch eine andere Seite. Hier begegnet man einem lyrischen Charakterzug, der, wenn schon nicht zur Innerlichkeit, so doch zumindest zur Nachdenklichkeit neigt. So wenig es möglich ist, Riemenschneider anhand feststehender historischer Fakten in die damaligen Bündnisse einzuordnen, so sehr ahnt man, dass man es mit einem tiefsinnigen und selbstständigen Geist zu tun hat.

Franken und die Reformation

Franken öffnete sich früh der Reformation. Mancher von Martin Luthers Mitstreitern stammte von dort, wie Georg »Spalatin« (s. S. 64) oder Luthers langjähriger persönlicher Sekretär und Assistent, der gebürtige

Nürnberger Veit Dietrich (1506–49). Sogar familiäre Bindungen hatte Martin Luther nach Franken: Seine Mutter Margarethe, eine geborene Lindemann (1459–1531), kam aus Neustadt an der Saale.

Von großer Bedeutung für den Fortgang der Reformation war deren im Jahr 1525 erwirkte Einführung in Nürnberg, einer der damals wichtigsten und wirtschaftlich potentesten Freien Reichsstädte. Der Aufbau der Protestantischen Kirchenstruktur brachte sogar Nürnberg und die angrenzende Markgrafschaft Ansbach zusammen, die sich bis dahin eher feindlich gegenübergestanden waren. 1533 führten sie gemeinschaftlich die »Brandenburgisch-Nürnbergische Kirchenordnung« ein. Markgraf Georg von Brandenburg-Ansbach-Kulmbach (1484–1543) war ein leidenschaftlicher Anhänger der evangelischen Sache, weshalb man ihn auch »den Frommen« und »den Bekenner« hieß.

Schon 1520 hatte Graf Georg II. von Wertheim (1487–1530) Luther um die Entsendung eines evangelischen Hofpredigers gebeten. Im engen Austausch mit dem Reformator führte er das neue Bekenntnis in seinen Landen ein. Von Johann Eberlin von Günzburg (um 1470–1533) erhielt die Stadt Wertheim 1529 ihre evangelische Kirchenordnung.

Auch innerhalb der fränkischen Reichsritterschaft hatte Martin Luther begeisterte Anhänger. Silvester »Knoch« von Schaumberg (1466/71–1534) aus Münnerstadt schrieb in seinem »Schutz- und Trutzbrief« an Luther: *Denn ich und hundert vom Adel, die ich aufbringen will, so Gott will, halten redlich zu euch und wollen euch vor Gefahr schützen.* Der Ritter Adam von Schaumberg (gest. 1526) verfasste die vielgelesene Reformationsschrift »Der Laienspiegel« (1522). Hans von Sternberg auf Burg Callenberg bei Coburg (gest. 1531/32) wurde einer von Luthers engsten Freunden. Nicht zuletzt der Politik Johanns von Schwarzenberg (1463–1528), des Verfassers der »Bamberger Peinlichen Halsgerichtsordnung« (1507)

und ebenfalls enthusiastischen Anhängers der Reformation, hatte Luther es zu verdanken, dass er trotz der über ihn verhängten Acht auf dem Reichstag zu Worms (1521) unbehelligt blieb.
Im Hochstift Bamberg breiteten sich sie reformatorischen Gedanken unter dem humanistisch gebildeten und kunstliebenden Fürstbischof Georg III. Schenk von Limpurg (reg. 1505–22) ungehindert im Domkapitel und in der Priesterschaft aus, wurden aber schon unter seinem Nachfolger Weigand von Redwitz (reg. 1522–56), freilich mit wenig Elan, zurückgedrängt. Zu einer konsequenten Erneuerung des katholischen Glaubens kam es erst gegen Ende des 16. Jahrhunderts.

DER ERSTE VERLAUF DES BAUERNKRIEGS

Die oberschwäbischen Bauern gründeten am 6./7. März 1525 in Memmingen durch den Zusammenschluss des »Baltringer Haufens«, des »Allgäuer Haufens« und des »Seehaufens« die »Christliche Vereinigung«, um geschlossen gegen den »Schwäbischen Bund« auftreten zu können. Dieser war als Allianz des Adels, der hohen Geistlichkeit und der Reichsstädte auf Veranlassung Kaiser Friedrichs III. (reg. als Kaiser 1452–93) am 14. Februar 1488 auf dem Reichstag in Esslingen am Neckar gegründet worden, um den Landfrieden zu wahren.

Die Wittelsbacher gewannen bald immer mehr an Macht im »Schwäbischen Bund«. So dirigierte einer der am bayerischen Hof einflussreichsten Männer, der Jurist Dr. Leonhard von Eck (1480–1550), ab 1517 die Politik des Bundes. Dieser extrem konservative Politiker lehnte zusammen mit dem Landgrafen Philipp von Hessen (1504–67) von vornherein ein friedliches Übereinkommen mit den Bauern ab. Der »Schwäbische Bund« führte zwar von Februar bis April 1525 Verhandlungen mit ihnen, allerdings nur um genügend Zeit für die Aufrüstung seiner Truppen zu gewinnen.

Zunächst standen Georg III. Truchsess von Waldburg-Zeil (1488–1531), dem militärischen Befehlshaber des »Schwäbischen Bundes«, nicht genug Söldner zur Verfügung; der Italienkrieg Kaiser Karls V. (reg. als Kaiser 1530–56) band zu viele Truppen. Erst als nach der siegreichen Schlacht bei Pavia am 24. Februar 1525 Tausende von entlassenen Söldnern über die Alpen zurückfluteten, war an einen Krieg gegen die Bauernhaufen zu denken. Ende März steckten die wütenden Aufständischen erste Klöster und Burgen in Brand.

Am 4. April rückte Georg von Waldburg-Zeil gegen den Bauernhaufen in Leipheim bei Ulm vor. Gleich die erste Schlacht des Bauernkriegs wurde von den Aufständischen verloren. Mehr als Tausend von ihnen waren getötet worden. Nachdem der Truchsess seine eigenen Bauern in Wurzbach besiegt hatte, zog er gegen den »Seehaufen«, der bei Weingarten (Oberschwaben) stand. Als Georg von Waldburg-Zeil sich mit seinen ungefähr 7000 Söldnern der gewaltigen Schar von annähernd 12 000 Bauern gegenübersah, wagte er freilich nicht anzugreifen. Am 17. April konnte dieser Aufstand mit dem »Weingartner Vertrag« unblutig beendet werden. Der »Haufen« löste sich auf, wobei den Bauern der freie Abzug garantiert war.

EPITAPH DES FÜRSTBISCHOFS LORENZ VON BIBRA

Auch im näheren Zeitraum vor Beginn des Bauernkriegs haben Tilman Riemenschneider und seine Werkstatt erstrangige Kunstwerke vertragsgemäß vollendet und den Auftraggebern geliefert. Riemenschneiders künstlerische Arbeit war gewiss durch sein Amt als Bürgermeister und Ratsherr eingeschränkt, doch er wird erfahrene Gesellen beschäftigt haben und hatte schließlich mit seinem Sohn Jörg auch einen jungen Meister (gegen 1522 ernannt) an seiner Seite.

Im Dom zu Würzburg befindet sich ein weiteres Epitaph von Riemenschneiders Hand, gefertigt in den Jahren 1516 bis 1522. Der Würzburger Fürstbischof Lorenz von Bibra (s. S. 19) hatte sich schon zu Lebzeiten bei Riemenschneider ein Grabmal in Salzburger Marmor bestellt. Der Fürstbischof war ein Mann von toleranter Geisteshaltung. Er traf sogar mit Martin Luther zusammen und erachtete diesen für *rechtschaffen*. Als Humanist und Mensch der Renaissance war der im Volk angesehene Herrscher auch ein großer Kunstförderer.

Riemenschneider idealisierte die Züge des Fürstbischofs, obwohl sich eine gewisse Ähnlichkeit mit dessen Konterfei auf einer Münze von 1496 erkennen lässt. Doch zu der Zeit, als der Meister am Epitaph arbeitete, war das Gesicht des Fürstbischofs schon von Krankheit entstellt (gest. 1519). Der Rahmen des Grabmals wurde von Riemenschneider noch in gotischer Manier begonnen, er vollendete die Arbeit dann aber, wohl auf Wunsch des Fürstbischofs selbst, in dem im ungewohnten Renaissance-Stil.

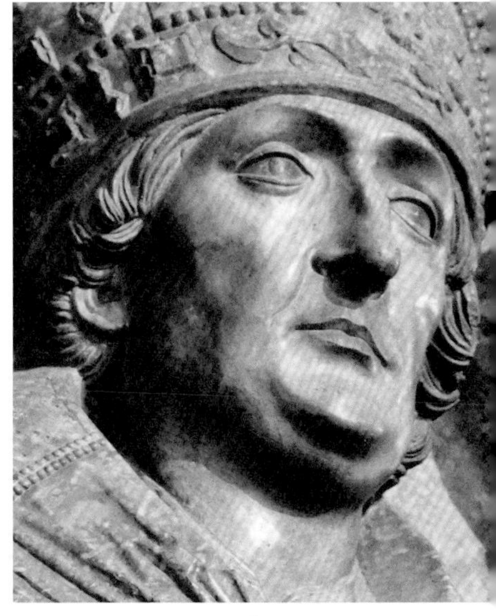

Epitaph des Fürstbischofs Lorenz von Bibra (neben dem Rudolfs von Scherenberg) im Würzburger Dom, 1516–22.

MADONNA IM ROSENKRANZ

Die reichen Zuwendungen der *Bruderschaft unserer lieben Frau auf dem Kapellenberg* bei Volkach ermöglichte es den Kirchenpflegern, im Jahr 1521 für ihre Wallfahrtskirche »Maria im Weingarten« bei Tilman Riemenschneider eine »Rosenkranzkönigin« in Auftrag zu geben. Das abermals in Lindenholz gearbeitete, sehr fein, ja fast zerbrechlich wirkende Figurenensemble wurde 1524 etwa auf halber Höhe in den Kirchenraum gehängt und war schon bald neben dem alten Gnadenbild einer Pietà (um 1380–1400) ein ebenso beliebtes Wallfahrtsziel. Die spätgotische Kirche hatte einen Vorgängerbau, in dem die ältere Pietà bereits verehrt worden war.

Es hat fast etwas Anekdotisches, dass die »Rosenkranz-Madonna« 1962 von Kunsträubern entwendet wurde, um sie gegen ein Lösegeld zurückzugeben. Die Zeitschrift »Stern« schaffte es unter ihrem damaligen Chefredakteur Henri

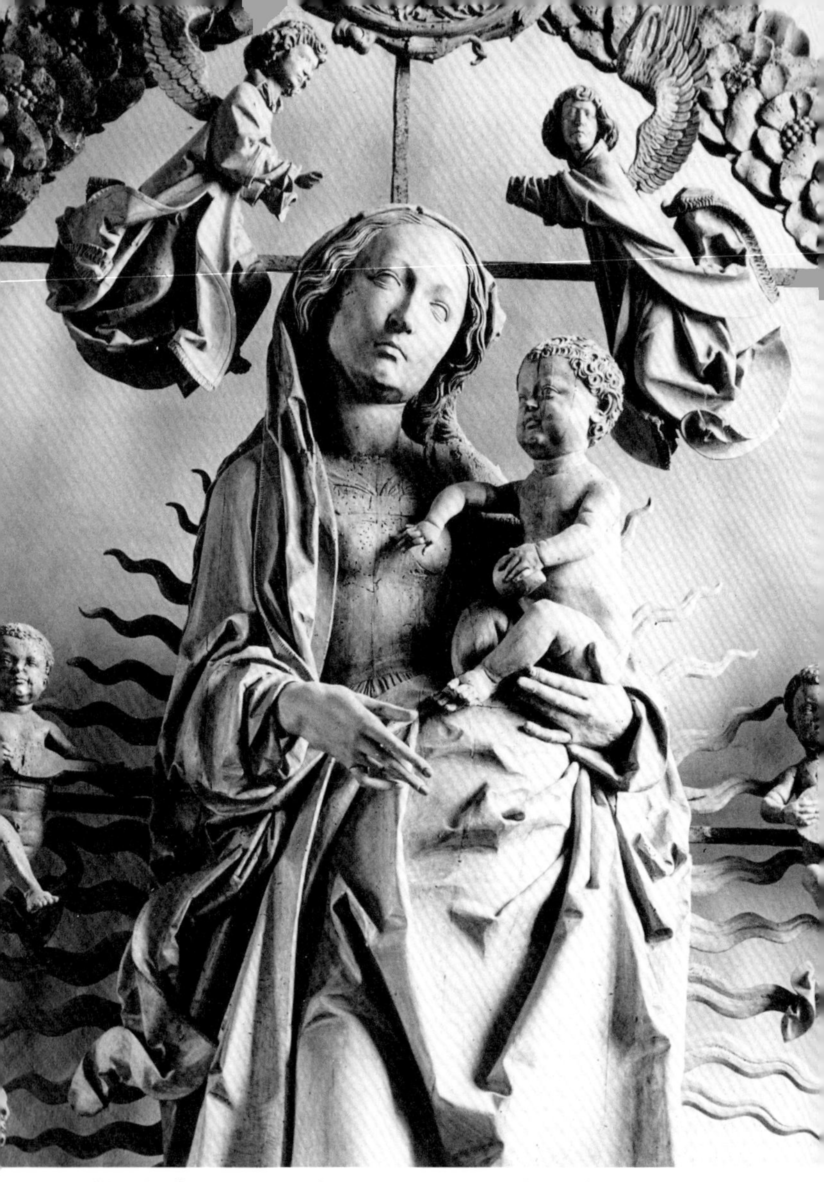

Die »Madonna im Rosenkranz« ziert seit 1524 die Kirche Maria im Weingarten bei Volkach.

Nannen, die Madonna für umgerechnet eine halbe Million Euro auszulösen. Damit konnte der »Stern« diesen spektakulären Kunstraub auflagenstark beenden.

Von Sonnenstrahlen umgeben und die liegende Mondsichel zu Füßen, schwebt Maria mit dem Kind Jesus in einem ovalen Blütenkranz, der fünf Medaillons trägt. Auf ihnen sind von oben im Urzeigersinn die Verkündigung an Maria, ihr Besuch bei Elisabeth, die Geburt Jesu, die Anbetung der Heiligen Drei Könige und der Tod Marias zu erblicken. Die »Rosenkranzkönigin« wird zudem von drei Engelpaaren umgeben, deren oberes Paar über ihrem Haupt ursprünglich eine Krone hielt. Auf ihrer rechten Hüfte sitzt das Jesuskind, von ihrer zarten stützenden Hand kaum berührt. Ihre linke Hand nähert sich spielerisch den Füßen des sehr naturgetreu und im Halbprofil gezeigten Knaben. Die Marienfigur wirkt noch stiller und verklärter als die früheren Madonnen Riemenschneiders, was besonders im ruhigen Fluss der Gewandfalten zum Ausdruck kommt.

DER GEKREUZIGTE UND DER GNADENSTUHL

Immer wieder hat Tilman Riemenschneider Christus am Kreuz dargestellt. Im Mainfränkischen Museum zu Würzburg befinden sich zwei kleinere *Kruzifixe* (um 1500), bei denen es sich wohl um *Modelle* aus seiner Werkstatt handelt. Der *Kruzifixus* (1500) in der katholischen Pfarrkirche St. Nikolaus in Eisingen bei Würzburg stammt eindeutig von Riemenschneider. Ein *Kruzifix* (um 1505) in der evangelischen Pfarrkirche St. Leo in Bibra (Süd-Thüringen) hat man nach seiner Restaurierung 1997/98 als Werk des Meisters identifiziert. Die realistische Farbfassung steigert noch durch das aus der Seitenwunde herabströmende Blut und durch die bläulich unterlaufenen Augen den Bildeindruck.

Auf Riemenschneider geht auch der *Chorbogenkruzifixus* (1516) in der Pfarrkirche St. Nikolaus und Katharina in Steinach an der Saale (bei Bad Bocklet) zurück, der als eigenhändiges Werk des Meisters hervorgehoben wird. Er hat den gemarterten Körper sehr detailliert nach der Natur ausgearbeitet, wobei die Grausamkeit des Leidens nicht beschönigt wird. Die tief eingesunkenen Wangen des Antlitzes, der zurückgenommene Unterkiefer und die freiliegende obere Zahnreihe weisen ebenso auf die überstandenen Qualen hin.

Während etwa Veit Stoß in seinem *Kruzifix* aus dem Heilig-Geist-Spital in Nürnberg (Germanisches Nationalmuseum) Christus äußerst drastisch in seinen Todesqualen wiedergibt, legt Riemenschneider trotz einer realistischen Leidensschilderung den Akzent auf die Überwindung der Marter durch die unendliche Barmherzigkeit, um derentwillen Jesus Christus das Leiden auf sich genommen hat. Der Würzburger Meister schaut mehr auf den Sinn der Passion und will die göttliche Liebe demonstrieren, die hinter dem Kreuzesopfer steht. Nie hat er sich zu einer extremen Abbildung menschlicher Rohheit hinreißen lassen, obwohl diese in der Realität seiner Zeit vorkam.

In der Pfarrkirche Mariä Himmelfahrt in Aub (südöstlich von Würzburg) findet sich eine mit Sicherheit Riemenschneider zugeschriebene *Kreuzigungsgruppe* (Christus am Kreuz, flankiert von Maria und dem Evangelisten Johannes) aus einem verlorenen »Kreuzigungsaltar« (um 1510) des Meisters. Die »Leichtigkeit« der Gewandung, als würde sie im Winde flattern, ist durchaus eine Stileigentümlichkeit bei Tilman Riemenschneider, die oftmals bei den Gewändern seiner Figuren zum Ausdruck kommt.

Das Motiv des nicht von einer Körperbewegung ausgelösten Aufwallens eines Gewandes reicht bis in die Antike zurück, wo es ein würdevolles inneres Aufgewühltsein zeigen soll. In einem Bild des *Bamberger Dom-Perikopenbuches* (vor 1012) scheint sich die Toga des Engels, der den Hirten die Geburt Christi verkündigt, ähnlich seinen Flügeln zu bewegen. In der Gotik geriet dieses Motiv dann in Vergessenheit und wurde erst von den Bologneser Malern wieder aufgegriffen (16. Jh.). Im Norden hat es Rogier van der Weyden (1399/1400–1464) oftmals verwendet und weiterentwickelt. Bei einem Kruzifixus steigert dieses Stildetail den Eindruck vom zugleich toten und doch lebendig wirkenden Körper Jesu Christi am Kreuz. Passend zur Überwindung der Marter durch ihren göttlichen Sinn, vermittelt Tilman Riemenschneider in Christus am Kreuz nicht das Zusammensinken im Tode, sondern – ohne triumphalistisch zu sein – beinah ein Schweben vor dem Kreuz, mit den fast waagrecht ausgestreckten Armen und durchgedrückten Knien der Figur. Man hört gleichsam Jesu Worte, die er sterbend ausrief: *Es ist vollbracht!* (Johannes 19,30).

Im ausgehenden Mittelalter war diese Ausdrucksform bald weit verbreitet, seit sie Niclas Gerhaert van Leyden (um 1430–73) bei einem *Friedhofskreuz* (1467) in Baden-Baden und im *Hochaltar* (um 1462) der Nördlinger Kirche St. Georg eingefügt hat. In Beziehung zum Nördlinger Werk van Leydens steht das aus Lindenholz geschnitzte *Blaubeurer Kruzifix* eines unbekannten Ulmer Meisters (um 1495; Württembergisches Landesmuseum, Stuttgart).

Das Leiden als Vollzug der liebenden Barmherzigkeit Gottes verdeutlicht Riemenschneider noch mehr in seiner Darstellung der *Dreifaltigkeit* (um 1515) am Münnerstadter »Magdalenenaltar« (s. S. 37ff.; Skulpturengalerie der Staatlichen Museen Berlin). Das hier gezeigte Motiv wird als »Gnadenstuhl« bezeichnet, wie Martin Luther den im alttestamentlichen Buch »Exodus« (25, 21) stehenden hebräischen Begriff »kapporät« (*kapar* = zudecken, verhüllen, vergeben, sühnen) übersetzt hat. Gottvater hält, auf einem Thron (»Stuhl«) sitzend, seinen toten Sohn. Darüber schwebt im Sinne der Dreifaltigkeit der Heilige Geist. Dieses Bild gibt letztlich die Worte aus dem Johannesevangelium (3, 16) wieder: *Gott hat die Welt so sehr geliebt, dass er seinen einzigen Sohn hingab, damit jeder, der an ihn glaubt, nicht zugrunde geht, sondern das ewige Leben hat.*

TRAUERNDE MARIA

Die heute im Mainfränkischen Museum zu betrachtende »Trauernde Maria von Acholshausen« (um 1505) gehörte vermutlich zu einer von Tilman Riemenschneider angefertigten *Triumphkreuzgruppe* aus dem 1803 säkularisierten Prämonstratenserkloster Oberzell bei Würzburg. Sie landete auf dem Dachboden eines Acholshäuser Bauern. Weil sich aber seine Knechte vor der im Dunkeln stehende überlebensgroße Figur fürchteten, gab er sie um 1880 einem Händler aus Gaukönigshofen. Dieser verkaufte sie um 1895 schließlich nach Würzburg.

Das Antlitz der Gottesmutter ist ob der besseren Erkennbarkeit aus der Ferne großflächig gehalten, denn die ursprüngliche Kreuzigungsgruppe stand sicherlich auf einem Schwibbogen (waagrechter Bogen) hoch oben im Chor der Kirche. In der schlanken Mariengestalt, mit der noch vorhandenen alten Farbfassung, verbinden sich große Würde und ein tief empfundenes Mitleid zu echter, menschlicher Schönheit. Gerade wegen des kaum zu ertragenden Schmerzes hat der Ausdruck zurückhaltender Trauer etwas Hoheits- und zugleich Demutsvolles an sich.

DIE BEWEINUNG CHRISTI

Das Thema der »Beweinung Christi« hat Riemenschneider ebenfalls häufig bearbeitet, und zwar zunächst in der Form der »Pietà« (*Imago Beatae Virginis de pietate = Bild der seligen Jungfrau vom Mitleid)* und nachfolgend als mehr- oder vielfigurige Beweinungsszenen. Die »Pietà« oder das »Vesperbild« – so genannt, weil der Beweinung Christi in der Karfreitagsvesper (»Vesper« = »Abendgebet«) gedacht wird – stellt Maria mit dem Leichnam ihres Sohnes dar, den sie auf dem Schoß hält. Tilman Riemenschneider schuf anfänglich Figuren in der klassischen Form: Maria hält den linken Arm Jesu, während der rechte über ihrem Knie herabhängt, wie dies an einem »Vesperbild« aus Lindenholz (um 1510) im Mainfränkischen Museum sowie an dem vergleichbaren »Vesperbild« (um 1520) in der Laufacher Pfarrkirche St. Thomas Morus (östlich von Aschaffenburg) zu sehen ist.

Das »Vesperbild« diente weniger der künstlerischen Abbildung der Trauer, sondern vielmehr der betrachtenden Anbetung des Leichnams Jesu Christi. Deshalb liegt der tote Körper Jesu so auf dem Schoß seiner Mutter Maria, dass die meisten der fünf Wunden, jedenfalls immer die oft hervorgehobene blutende Seitenwunde Jesu, gut sichtbar sind. Riemenschneider legt später in einer zweiten Gestaltungsform den Akzent mehr auf die Dramatik des Beweinungsmotivs:

Maria hält ihren Schleier so, dass er die Tränen auf den Wangen ihres Sohnes zu trocknen vermag, wie dies auf einem *Vesperbild aus Sandstein* (um 1510; Mainfränkisches Museum in der Festung Marienberg) erkennbar ist sowie auf einem *Vesperbild aus Lindenholz* (um 1510/15), das von der 1826 abgerissenen Würzburger Karmelitenkirche St. Barbara in die Würzburger Franziskanerkirche übernommen wurde.

Auch in den vielfigurigen »Vesperbildern« des Meisters bleibt Jesu Leichnam mit den sichtbaren fünf Wunden dem Betrachter zugewandt. Bei der »Beweinung Christi« (um 1515) in der katholischen Pfarrkirche St. Petrus und Paulus in Großostheim (südlich von Aschaffenburg) liegt der langgestreckte, ein wenig steif wirkende Körper Christi auch auf dem Schoß Mariens, die mit der linken Hand das Schleiertuch zu ihren tränennassen Augen zu führen scheint. Die Beweinungsgruppe ist eigentlich eine Pietà mit Assistenzfiguren, da die »Trauernden« um die Muttergottes herum gruppiert wurden.

Eine frühere Form (um 1490) dieser *Vesperbild-Variante* befindet sich in der Wallfahrtskirche »Unserer Lieben Frau« zu Hessenthal im Spessart. Die szenische Gruppe wurde durch die nachmalige Einfügung in den barocken Altar auseinandergerissen. Der tote Christus wirkt noch steifer als die entsprechende Figur in Großostheim. Seine schräge Lage deutet an, dass er gerade vom Kreuz abgenommen und der Mutter in den Schoß gelegt worden ist. Die trauernde Maria hält in traditioneller Weise den linken Arm des toten Sohnes. Bei der *Beweinung Christi* (um 1505; Lindenholz) im Würzburger Martin-von-Wagner-Museum (in der Residenz) hat Riemenschneider das Pietà-Motiv völlig aufgelöst. Der Leichnam Christi sitzt von Johannes gestützt auf dem Boden, während Maria, vor ihm kniend, ihren Schleier zu seinem Haupt führt.

DIE MAIDBRONNER BEWEINUNG CHRISTI

Die katholische Pfarrkirche St. Afra in Maidbronn (nördlich von Würzburg) weist die ausgereifteste Darstellung der »Beweinung Christi« und zugleich das letzte große Werk des Würzburger Meisters (um 1520–22) auf, an dem bereits sein Sohn

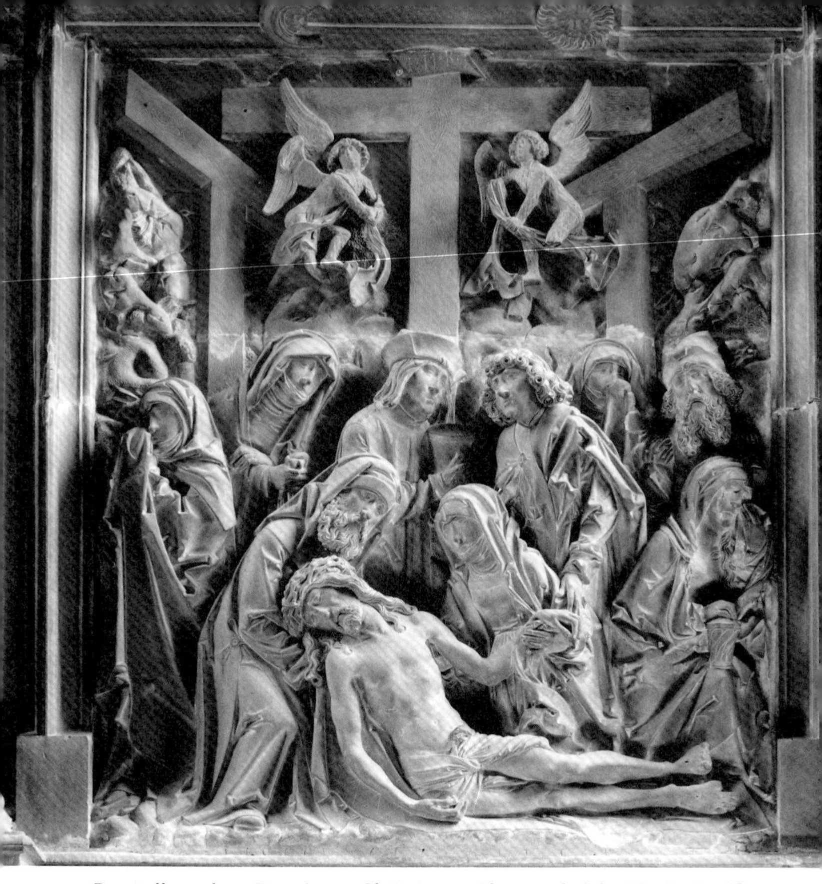

Darstellung der »Beweinung Christi« am Altarretabel der Kirche St. Afra in Maidbronn, um 1520–22.

Jörg mitgearbeitet haben dürfte. Hier ist das Beweinungsbild, ein Steinrelief im Hochaltar, zum stillen Andachtsbild geworden. Im Vergleich mit der Großostheimer und Hessenthaler Variante sind die Gesten der Personen zurückgenommen und wieder stärker verinnerlicht.

Die kleine *frühgotische Kirche* ist der Rest einer Klosterkirche des 1568 in den Reformationswirren untergegangenen Maidbronner Zisterzienserinnenklosters. Die Klosterkirche war schon 1525 während des Bauernkriegs verwüstet worden. Das

Beweinungsmotiv war vor allem in den Frauenklöstern weit verbreitet und ist wahrscheinlich auch dort entstanden.

Für ein Altarretabel wie in Maidbronn ist die Wahl des Sandsteins als Arbeitsmaterial eher ungewöhnlich, offenbart aber umso mehr die Kunstfertigkeit, zu der Tilman Riemenschneider im Laufe der Jahrzehnte gefunden hat, scheint er doch mit dem Stein umgegangen zu sein, als hätte er weiches Lindenholz vor sich gehabt: Die Komposition der Trauerschar um Maria wirkt vollkommen. Joseph von Arimathäa, der den am Boden liegenden Leichnam Jesu aufrichtet, und die dahinter kniende Mutter bilden ein gleichseitiges Dreieck, dessen Spitze in den über sie emporragenden Kreuzesbalken ausläuft. So geht selbst von dem toten Jesus noch eine lebendige Kraft aus.

Welch bildhauerische Meisterschaft spricht aus der fein modellierten Christusfigur. Marias Hand, die ihren Mantel wie ein »Velum« hält (Tuch zum Bedecken der Abendmahlsgegenstände oder das Schultertuch des Priesters), hebt das Handgelenk ihres Sohnes fast schon wie eine Reliquie an. Am rechten Seitenrand trocknet Maria Magdalena, die durch das Salbgefäß gekennzeichnet ist, mit ihrem Kopftuch die Tränen. Sie wendet sich dabei vom Leichnam Jesu ab, denn sich ihm zuerst zu nähern, ist das Vorrecht seiner Mutter. Am linken Bildrand nimmt Salome eine ähnliche Haltung ein. Beide öffnen auf diese Art die Szene für den Betrachter, sodass dieser gleichsam in die Gruppe der Leidtragenden einbezogen wird. Durch die schräg gestellten Schächerkreuze und die trauernden Frauen im Hintergrund gelang Tilman Riemenschneider eine Raumillusion. Dem unter dem Kreuz stehenden Nikodemus, der als einziger eine zeitgenössische Kleidung trägt, hat »Meister Til« wohl seine eigenen Gesichtszüge verliehen.

6 Der Zenit wird überschritten

DER KRIEG NÄHERT SICH FRANKEN

Im Taubertal nahm der Aufruhr der Bauern am 21. März des Jahres 1525 in den Dörfern Ohrenbach und Brettheim seinen Ausgang, die zur Freien Reichsstadt Rothenburg ob der Tauber gehörten und in der sogenannten »Landwehr« lagen. Als sich der Rat der Stadt kundig machen wollte, standen auf der Seite der Aufständischen außerhalb Rothenburgs schon 4500 Mann in Harnisch und in guter Ordnung unter der Führung von Bürgermeistern, Wirten, Schmieden, Müllern und Pfarrern bereit. Innerhalb der Stadt hatte der Prediger Dr. Johannes Teuschlin aus Frickenhausen am Main gegen den Rat mobil gemacht. Der Altbürgermeister Ehrenfried Kumpf hatte sogar den aus Wittenberg geflohenen Andreas Bodenstein, »Karlstadt« genannt (um 1486–1541), versteckt gehalten. »Karlstadt«, der den Priesterrock abgelegt hatte und in Alltagskleidern auftrat, stiftete am Karfreitag 1525 zusammen mit Johannes Teuschlin durch aufwühlende Predigten in St. Jakob den Bildersturm gegen die »Öl-Götzen« an. Schon einen Tag nach Ostern wurden die religiösen Bildwerke der Kobolzeller Marienkirche von Radikalen in die Tauber geworfen.

Etwa zur gleichen Zeit überschritten die Bauern, im Vorbachtal von den Untertanen des Ritters Zeisolf von Rosenberg zu Hilfe gerufen, die Grenze der Rothenburger Landwehr und zwangen den Rosenberger, ihrer Vereinigung beizutreten. Beim Kloster der Prämonstratenserinnen in Schäftersheim lagerte ein Fähnlein der Bauern. Man habe *mit etlichen Klosterfrauen geunkeuscht,* berichtet der Rothenburger Chronist Thomas Zweifel. Der auf 5000 Mann angewachsene »Tauberhaufen« war indessen bis zur Deutschordensstadt Mergentheim vorgedrungen. Dort hatte der Stadtpfarrer Bernhard Bubenleben unter den Bürgern einen Aufruhr angezettelt. Das Dominikanerkloster und der Schöntaler Hof (die Propstei der Zisterzienserabtei Schöntal) wurden geplündert. Der Deutschordenskomtur Wolfgang von Bibra sagte schließlich zu, auf die Forderung der Bürger einzugehen.

Das mittlerweile aus 8000 Mann bestehende Bauernheer zog die Tauber abwärts nach Lauda. Vor der Burg bei Oberlauda kam es am bereits erwähnten Karfreitag zum bewaffneten Kampf. Der Würzburger Amtmann Philipp von Rüdt sowie die Adelsherren Siegmund von Jobal und Erasmus von Fechenbach leisteten mit ihren Waffenträgern Widerstand. Die Bauern zündeten die Burg an und konnten Philipp von Rüdts Frau samt ihrem Kind gefangen nehmen. Der Hauptmann des »Taubertaler Haufens«, Ritter Florian Geyer von Giebelstadt, konnte gerade noch verhindern, dass ihnen Gewalt angetan wurde. Nachdem Bischofsheim auf die Seite der Bauern getreten war, brachen die Aufständischen am 21. April in Richtung Würzburg auf, zumal sich der südliche Odenwald und das Hohenlohische Land auch dem »Neckartaler« und »Taubertaler Haufen« angeschlossen hatten. Eine der Abteilungen befehligte der Hitzkopf Jäcklein Rohrbach (s. S. 83).

Graf Ludwig von Helfenstein saß mit 60 Landsknechten und Reitern auf der Burg »Weibertreu« in der Stadt Weinsberg bei Heilbronn. Er verhielt sich den Bauern gegenüber äußerst provokativ, indem er diejenigen, welche dem »Haufen« zulaufen wollten, niederstechen ließ und den Bauern seines Weinsberger Amtsbezirks, die sich schon beim »Haufen« befanden, mit dem Niederbrennen ihrer Höfe und der Vertreibung ihrer Familien drohte, wenn sie nicht sofort heimkehrten. Als ihn die Bauern ebenfalls am Karfreitag, dem 14. April 1525, aufforderten, wie andere Ritter in ihre »Christliche Bruderschaft« einzutreten, ließ er während der Verhandlungen eine Nachhut des »Bauernhaufens« überfallen. Daraufhin stürmten die Aufständischen die Stadt Weinsberg. Die Bürger wurden zwar verschont, die gefangen genommenen Ritter aber am nächsten Tag getötet. Man wählte dabei die schimpflichste Art der Hinrichtung und ließ sie durch die Spieße laufen. Margarete Renner, die »Schwarze Hofmännin« (s. S. 83), stieß dem Grafen ihr Messer in den Bauch. Der Gräfin Margaretha von Helfenstein, einer unehelichen Tochter Kaiser Maximilians I., wurde zwar kein Haar gekrümmt, aber sie wurde mit ihrem zweijährigen Sohn auf einem Mistkarren nach Heilbronn gefahren.

Der Pfeifer von Niklashausen

Als Vorspiel des Bauernkriegs in Franken gilt die Wallfahrt nach Niklashausen. Dem Musikanten und Viehhirten Hans Böhm (geb. um 1458) war Maria bei der Herde auf dem Feld erschienen. Er begann, vor der Kirche in Niklashausen (nördlich von Tauberbischofsheim) über die Buße zu predigen: Maria wolle hier zu Niklashausen verehrt werden, und man könne dabei den vollkommenen Sündenablass erlangen. Das »Pfeiferhänslein« löste in kürzester Zeit eine gewaltige Wallfahrtsbewegung aus. Zuhauf kamen die Pilger vom Rhein, aus Franken, Schwaben und Bayern. Allmählich versah der wohl von der eigenen Berufung überzeugte Pfeifer von Niklashausen seine religiösen Predigten mit sozialrevolutionären Drohworten gegen die Obrigkeit.

Der Würzburger Fürstbischof Rudolf II. von Scherenberg (reg. 1466–95) wollte eine solche Volksaufwiegelung nicht länger mitansehen. Er ließ Hans Böhm durch bewaffnete Reiter gefangen nehmen und am 19. Juli 1476 in Würzburg auf dem Scheiterhaufen verbrennen. Noch kurz zuvor hatten an die 12 000 Pilger, die von Niklashausen kommend gegen die fürstbischöfliche Festung Marienberg oberhalb der Stadt zogen, um die Freilassung »ihres heiligen Jünglings« zu fordern, nur durch Geschützfeuer vertrieben werden können.

Immerhin ist Hans Böhm schon frühzeitig zu literarischen Ehren gelangt, denn der »Sackpfeifer« von »Nickelshausen« wird im »Narrenschiff« erwähnt, jener moralisch-kritischen Versdichtung des Sebastian Brant (1457/58–1521), die 1494 erschienen ist.

Obwohl diese »Weinsberger Bluttat« ein, was ihre Brutalität betrifft, einmaliger Gewaltexzess aufseiten der Bauern bleiben sollte, so hatte sie doch verheerende Folgen für deren weiteres Schicksal, denn der Adel ging jetzt selbst mit ähnlicher Brutalität gegen die Aufständischen vor. Martin Luther, der bisher

IN dem edeln Franckenland erewget sich ein hirt des vihs ein pawcket nach d gepurt Cristi. M.cccc.lxxvi. iar in eim dorff Niclaßhawsen genãt vñ vndstũd sich wid die pfafheit vñ gaistlichkeit zepredigẽ vñ zu sagẽ das ir leben verschmahlich wer. vnd man solt den herrñ weder zol noch gelayd gelt geben. So werñ alle wasser vnd welde allermenigclichem frey vnd vil der gleichẽ vnzimlicher ding. vnd sprach ime hette die iunckfraw Maria sölche stück geoffenbaret. also wardt auß allen gegenten ein großer zulawff daselbsthin zu disem pawgker. der tet deñ zu feyertagen lang predig wider die gaistlichen. Demnach warden von herrñ Rudolphẽ bischoffen zu Würtzburg ettlich speher gein Niclaßhawsen geschickt. die füereten disen pawgker gein Würtzburg vnd verprenñten ine. also verschwunde die wallung. Aber als sich die bewegnus des zulawffs erhebt het do verputen die öbern regirer zu Nürmberg den iren bey schwerer peen gein Niclaßhawßen nicht zewallen. von welchs verpots wegen dieselben regenten von babst Sixto ein groß lobe sunderlichs wolgefallens erlangten nach lant eins babstlichen sendbriefs sub annulo piscatoris deßhalb an sie außgangen.

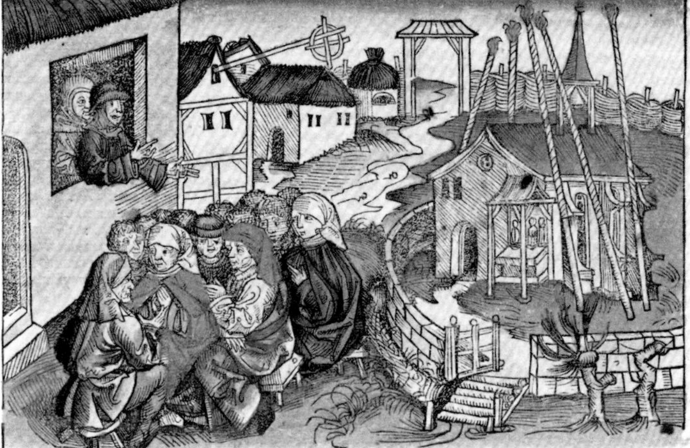

Bericht über den Prediger Hans Böhm, den »Pfeifer von Niklashausen«. – Holzschnitt aus der Schedel'schen Weltchronik, Nürnberg, 1493.

Verständnis für die Bauern gezeigt hatte, rief nun die Obrigkeit in seiner Schrift »Wider die mörderischen Rotten der Bauern« auf, zum Schwert zu greifen.

DIE REAKTION DES REGENTEN

Als im Frühjahr 1525 der Bauernaufstand das Hochstift und die Stadt Würzburg erreichte, sah sich das Ratskollegium, darunter Tilman Riemenschneider, in einer Zwickmühle. Man musste sich für eine der Parteien entscheiden, also für die revolutionären Bauern oder für den fürstbischöflichen Landesherrn, da Würzburg von jeder Seite in gewaltsame Auseinandersetzungen verwickelt werden konnte. Zudem fanden sich unter den Bürgern und dem einfachen Volk in der Stadt genügend oppositionell Gesinnte, die – nicht zuletzt angeregt durch das Gedankengut der Reformation – auch auf mehr religiöse Freiheit drangen. Das Ratskollegium versuchte wohl eher zu taktieren, um die anstehende Entscheidung hinauszuzögern.

Fürstbischof Konrad II. von Thüngen (reg. 1519–40) blieb alles andere als abwartend. Zum einen gab es durchaus Konsultationen zwischen dem Hof und der Stadt, zum anderen scharte er seine Getreuen um sich und rechnete als Mitglied des »Schwäbischen Bundes« mit der tatkräftigen Unterstützung desselben, zumal mittlerweile das Bundesheer unter Georg III. Truchsess von Waldburg-Zeil (1488–1531) in Süddeutschland gegen die aufständischen Bauern zu Felde zog.

Schon im April hatte der Fürstbischof in den einzelnen Stadtvierteln nachfragen lassen, ob sie in Treue zu ihm stehen würden. Die Antworten fielen weitgehend moderat aus, wobei die Forderungen der Bürgerschaft in den kommenden Wochen an Schärfe gewannen (Zollfreiheit, eigene Gerichtsbarkeit, die Wahl des Ratskollegiums durch die Bürger) und sich denen der Bauernschaft annäherten, also bald konträr zu den bischöflichen Zielsetzungen standen. Bürgerschaft und Rat lehnten es einhellig ab, dass in der Stadt Reiter des Bischofs stationiert werden. Keiner von ihnen wollte sich auf fürstbischöflicher Seite an kriegerischen Aktionen gegen die Bauern beteiligen.

Einer der lautesten Wortführer in der Stadt war der Spielmann (Musikant) Hans Bermeter (gest. 1527), ein Mensch von zweifelhaftem Ruf, der auf Plünderungen aus war. Ihm war es gelungen, vielerlei Leute gegen den Bischof aufzuwiegeln, darunter auch Tilman Riemenschneider; denn der hatte wie andere dem von Bermeter in die Welt gesetzten Gerücht blind geglaubt, dass bischöfliche Truppen bereits unbemerkt in die Stadt eingedrungen seien und Geschütze in Stellung gebracht hätten. Obgleich es Riemenschneider vor allem um die sozialen Anliegen der Bauern zu tun war, galt er plötzlich als tonangebender Agitator.

Es half nicht mehr, dass Konrad von Thüngen wohl oder übel für den 1. Mai 1525 einen Landtag einberief, zu dem er sich sogar – unter der Zusicherung des freien Geleits – von seiner

Festung aus hinunter in die Stadt wagte. Von den Bauernführern jedoch erschien niemand zu dieser Versammlung, womit der Landtag ergebnislos verlief. Am 5. oder 6. Mai verließ der Fürstbischof mit wenigen Begleitern heimlich die Festung Marienberg und begab sich zu Pfalzgraf Ludwig V. (1478–1544) nach Heidelberg. Auf der Festung über der Stadt Würzburg verblieben unter dem Schlosskommandanten Friedrich von Brandenburg-Ansbach (1497–1536) und unter der militärischen Führung des Hofmeisters Sebastian von Rotenhan (um 1478–1534) ungefähr 400 Personen als Besatzung, wovon lediglich 242 Mann als waffenfähig galten. Doch die Festung verfügte über sehr gute Verteidigungsanlangen, genügend Geschütze und Munition sowie ausreichend Vorräte.

DIE BELAGERUNG

Das aus dem »Taubertäler«, dem »Odenwälder« und dem »Bildhäuser Haufen« (nach dem Kloster »Maria Bildhausen«, nordöstlich von Münnerstadt) bestehende, 15 000 Mann starke Bauernheer war kurz nach der Flucht des Bischofs in der Nähe von Würzburg angelangt und umzingelte die Festung auf dem Marienberg. Etwa zur gleichen Zeit entschieden das Ratskollegium und die einzelnen Stadtviertel, sich gemeinsam mit den meisten anderen Städten des Hochstifts auf die Seite der Aufständischen zu schlagen. Das geschah in Würzburg zum einen sicher, weil man mit den Bauern sympathisierte, zum anderen aber auch, weil der alte Groll gegen das bischöfliche Regiment seit der Niederlage der Stadt im Jahr 1400 (s. S. 21f.) wach geblieben war und man vermutlich eine Eroberung und damit Besetzung der Stadt durch das Bauernheer vermeiden wollte.

Als Hauptleute der Bauern vor der Stadt fungierten die Adelsherren Florian Geyer von Giebelstadt (um 1490–1525) und Götz von Berlichingen (um 1480–1562), welcher der Nachwelt auch durch Goethes gleichnamiges Schauspiel bekannt ist. Beide waren keine radikalen Befehlshaber. Die »Bauernhaufen« hatten den Adeligen auf ihren Burgen übel mitgespielt, was Herr von Berlichingen für sich und die Seinen dadurch verhindern konnte, dass er im »Odenwälder Haufen« ein Kommando übernahm.

Festung Marienberg

Spätestens im 9. Jahrhundert v. Chr. war die sich am linken Ufer des Mains erstreckende Anhöhe mit einer Befestigung versehen. Ob der Berg permanent besiedelt war, ist nicht sicher, obwohl Funde etwa aus der keltischen und der nachfolgenden germanischen Zeit vorliegen. Als sich im 6. Jahrhundert n. Chr. die Franken gegen die Thüringer durchsetzen konnten, gewann die Anhöhe resp. eine ihr vorgelagerte linksmainische Ansiedlung als Herzogssitz an Bedeutung.

Mit der Gründung des Bistums Würzburg (742) dürfte der Marienberg zunächst als bischöflicher Sitz gedient haben, der wenige Jahrzehnte danach in den Dombezirk rechts des Mains verlegt wurde. Dort blieben die Bischöfe bis zur Mitte des 13. Jahrhunderts, zogen dann aber aus Sicherheitsgründen erneut auf den Marienberg, denn die auf Selbstständigkeit drängende städtische Bevölkerung war nicht gut auf sie zu sprechen.

Schon unter Bischof Konrad I. von Querfurt (reg. 1198–1202) hatten die umfangreichen Baumaßnahmen für die imposante Festung Marienberg begonnen, die bis ins 15. Jahrhundert hinein fortgesetzt wurden. Ab dem 16. Jahrhundert erhielt die Festung ein schlossartiges Gepräge. Im 17. Jahrhundert schließlich wurde sie mit mächtigen Bastionen versehen. Am 22. Mai 1720 legte man in der Stadt den Grundstein für den Bau der glanzvollen neuen Residenz, deren Fertigstellung und Ausgestaltung sich noch über Jahrzehnte hinziehen sollte. Doch bereits am 15. September desselben Jahres nahm Fürstbischof Johann Philipp Franz von Schönborn (reg. 1719–24) mitsamt dem Hofstaat seinen Wohn- und Regierungssitz ebenfalls in der Stadt. Die Festung Marienberg war nur einmal erobert worden, nämlich während des Dreißigjährigen Kriegs durch die Schweden (1631).

Im Mainfränkischen Museum innerhalb der Festung können Riemenschneider-Werke in großer Zahl besichtigt werden.

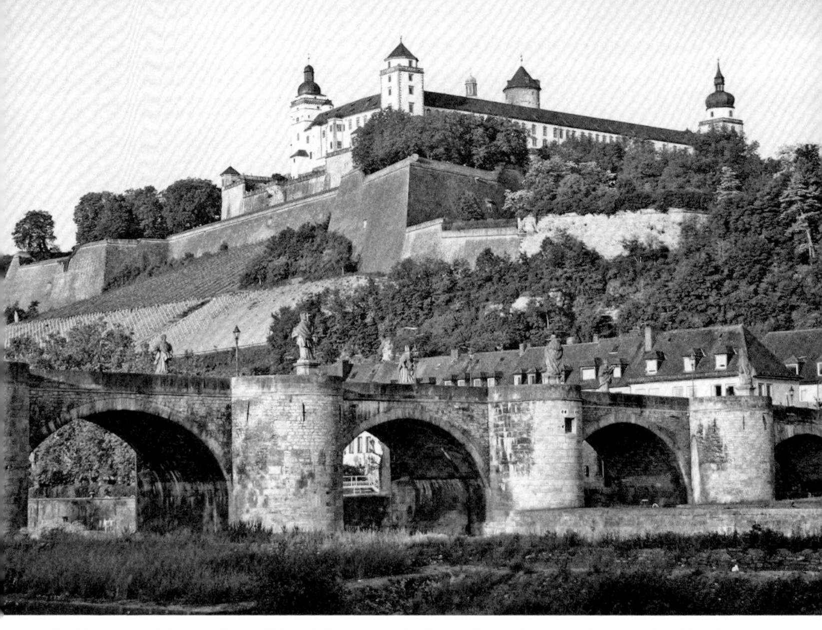

Die Festung Marienberg überblickt, hoch über dem Main gelegen, die Stadt Würzburg und diente vom 13. bis 18. Jahrhundert als Residenz der Fürstbischöfe.

Die Bauern waren entschlossen, die von ihnen belagerte Festung Marienberg zu erobern, war sie doch ein wichtiges und hinderliches Bollwerk der alten Regierung. Die Besatzung war trotz des garantierten freien Abzugs nicht bereit, den Aufständischen das Bergschloss kampflos zu überlassen. Florian Geyer hatte sich bereit erklärt, schwere Geschütze aus Rothenburg ob der Tauber herbeizuholen, denn die Waffen des Bauernheers waren viel zu schwach, um der Festung erkennbare Schäden zuzufügen. Mit stärkeren Geschützen ließ sich, so die Absicht, eine Bresche in die Mauer schießen.

Florian Geyer war daher nicht anwesend, als am späten Abend des 15. Mai von den wohl des Wartens überdrüssigen Belagerern ein schlecht vorbereiteter Angriff auf die bischöfliche Festung begann. Doch die Bauern kamen, wie bei dem kurz darauf folgenden zweiten Angriff, kaum über den Festungsgraben hinaus. Beide Attacken brachen sofort im heftigen Abwehrfeuer zusammen, sodass bei den Aufständischen Hunderte von Opfern zu beklagen waren. Dagegen waren aufseiten der Festungsbesatzung nicht mehr als drei Mann gefallen. Götz von Berlichingen hatte sich mit seiner Abteilung klug herausgehalten. Die Festung war so nicht zu erstürmen.

Bald danach kam Florian Geyer mit einem oder zwei Geschützen von Rothenburg zurück. Das führte zwar zu wechselseitigem Beschuss, aber die Festung blieb im Wesentlichen unversehrt. Allerdings zerrte die etwa zwei Wochen andauernde Kanonade an den Nerven aller Beteiligten, einschließlich der Bürger. Bei den Belagerern schwand die Zuversicht, zumal ihnen die Vorräte ausgingen. Der Plan, die Festungsmauer von Bergleuten untergraben zu lassen und eine Sprengung vorzunehmen, gelangte nicht zur Ausführung. Auch in der Stadt schlug die Stimmung um, denn das Blatt hatte sich inzwischen gewendet.

NIEDERLAGE UND BLUTGERICHT

Mittlerweile waren in der Schlacht von Frankenhausen am Kyffhäuser (15. Mai 1525) die thüringischen Aufständischen unter dem Prediger und Theologen Thomas Müntzer (um 1489–1525) von den vereinigten Heeren Philipps von Hessen und Georgs des Bärtigen von Sachsen (1471–1539) vernichtend geschlagen worden. Durch die Belagerung der Festung Marienberg ließ sich das Bauernheer schließlich zu lange binden. Aus unterschiedlichen Richtungen näherten sich das wohlgeordnete und gut bewaffnete Heer des »Schwäbischen Bundes« sowie die siegreiche sächsische Streitmacht und rieben die sich aufspaltenden Bauernheere rücksichtslos auf. Sogar die Festungsbesatzung machte einen Ausfall.

Viele der Bauern flohen blindlings, wurden aber überall niedergestreckt. Götz von Berlichingen hatte sich bei der erstbesten Gelegenheit abgesetzt und entkam, musste sich jedoch für seine Teilnahme am Aufstand über Jahre hinaus rechtlich verantworten und war zeitweilig inhaftiert. Florian Geyer verlor am 9. Juni im Gramschatzer Wald nördlich von Würzburg sein Leben. Der nach Königshofen an der Tauber ausgewichene

»Bauernhaufen« wurde durch Truchsess von Waldburg-Zeil am 2. Juni 1525 gänzlich besiegt. Auch in anderen Regionen brach der Bauernaufstand zusammen. Der Spielmann Hans Bermeter schließlich wurde 1527 in der freien Reichsstadt Nürnberg hingerichtet, deren Rat in dieser Angelegenheit mit dem Würzburger Fürstbischof kooperiert hat.

Die Bürger in der Stadt Würzburg, das Ratskollegium und mit diesem Tilman Riemenschneider mussten sich ihre Niederlage eingestehen und konnten sich nur noch auf Gedeih und Verderb dem Fürstbischof unterwerfen, was Konrad II. von Thüngen von ihnen auch erwartete. Der Feldherr des »Schwäbischen Bundes« Georg III. Truchsess von Waldburg-Zeil, »Bauernjörg« genannt, stand mit seinen Truppen vor der Stadt und ließ die Kapitulationsbedingungen überbringen. Die Stadt hatte die Tore zu öffnen, sämtliche Waffen und Harnische abzugeben, pro Haus eine drastische Kontribution zu entrichten und die Anführer des Aufstands auszuliefern. Bei Zuwiderhandlung würde die Stadt erstürmt werden und alle Bewohner, die älter als zwölf Jahre seien, wären dem Tode geweiht.

Am 8. Juni 1525 besetzte der »Bauernjörg« mit seinen Landsknechten Würzburg. Alle Männer der Stadt – darunter auch Bauern und Einwohner der Landstädte, die hierher geflüchtet waren – hatten sich dazu um sieben Uhr früh auf dem Markt- und dem Domplatz einfinden müssen. Mehr als 2000 von ihnen sollen gefangen genommen worden sein; über 60 wurden am gleichen Tag enthauptet. Tilman Riemenschneider hatte insofern Glück, als er zusammen mit 39 Bürgern »nur« in die Gewölbe der Festung verbracht wurde. Er und 15 der Mitgefangenen wurden am 22. Juni in den Kerker der Festung gesperrt. Ihnen gehörte auch der allseits geschätzte Stadtschreiber Martin Cronthal an, der sein Amt zwischen 1504 und 1525 versehen hat. Er beschreibt in einer später verfassten Chronik des Bauernkriegs, dass sich unter den gefangenen Bürgern z. B. drei Schneider, ein Goldschmied, ein Kürschner, ein Metzger und ein Apotheker befanden. Insgesamt waren zehn Ratsherrn festgenommen worden.

Dass Fürstbischof Konrad von Thüngen am 8. Juni in Würzburg anwesend war, ist zu vermuten. Neben den Brandschatzungen und Hinrichtungen, die in vielen Landstrichen von den Helfern des Bischofs vollzogen wurden, neben den Strafzahlungen, die den Bürgern auferlegt wurden, und neben der Verschärfung der bischöflichen Herrschaft über die Stadt Würzburg hielt der Fürstbischof auch höchstselbst ein strenges Strafgericht in den Städten seines Hochstifts ab, angesichts dessen man sich des Eindrucks nicht erwehren kann, dass es nicht nur der Abschreckung und somit der Staatsräson dienen sollte, sondern auch von persönlichen Rachegefühlen geleitet war. Zwischen dem 20. Juni und dem 9. August 1525 suchte Konrad von Thüngen, unter dem Schutz mehrerer Hundert Reiter und Fußsoldaten, eine Stadt resp. Gemeinde nach der anderen in seinem Herrschaftsgebiet auf, um vor Ort Hinrichtungen vollstrecken zu lassen. Kaum zurück in Würzburg, ließ er nochmals 13 Männer enthaupten.

So standen am Ende des Bauernkriegs nicht die erhofften Reformen der Gesellschaftsordnung, sondern das Blutgericht und viele Repressalien. Scharfrichter wie »Meister Auwe« waren gefragt, wie die Kitzinger den Henker Augustin nannten. In der Rechnung, welche er dem Markgrafen Casimir von Ansbach präsentierte, zählte er die Maßnahmen auf, die er auftragsgemäß ausgeführt hatte: *80 enthauptet, 69, denen die Augen ausgestochen und die Finger abgeschlagen wurden.*

BESTRAFT UND VERGESSEN

Von den auf der Festung Marienberg gefangen gehaltenen Bürgern waren einige der Folter ausgesetzt. Das gilt auch für Tilman Riemenschneider. Nach knapp neun Wochen, am 8. August 1525, hat man sie endlich entlassen. Als zusätzliche Strafe für Riemenschneider wurde ein beträchtlicher Teil seines Vermögens eingezogen. Ähnliches dürfte den Mithäft-

Die Grabplatte Tilman Riemenschneiders ist als Kopie an der Außenseite des Würzburger Doms angebracht. Das Original befindet sich im Mainfränkischen Museum.

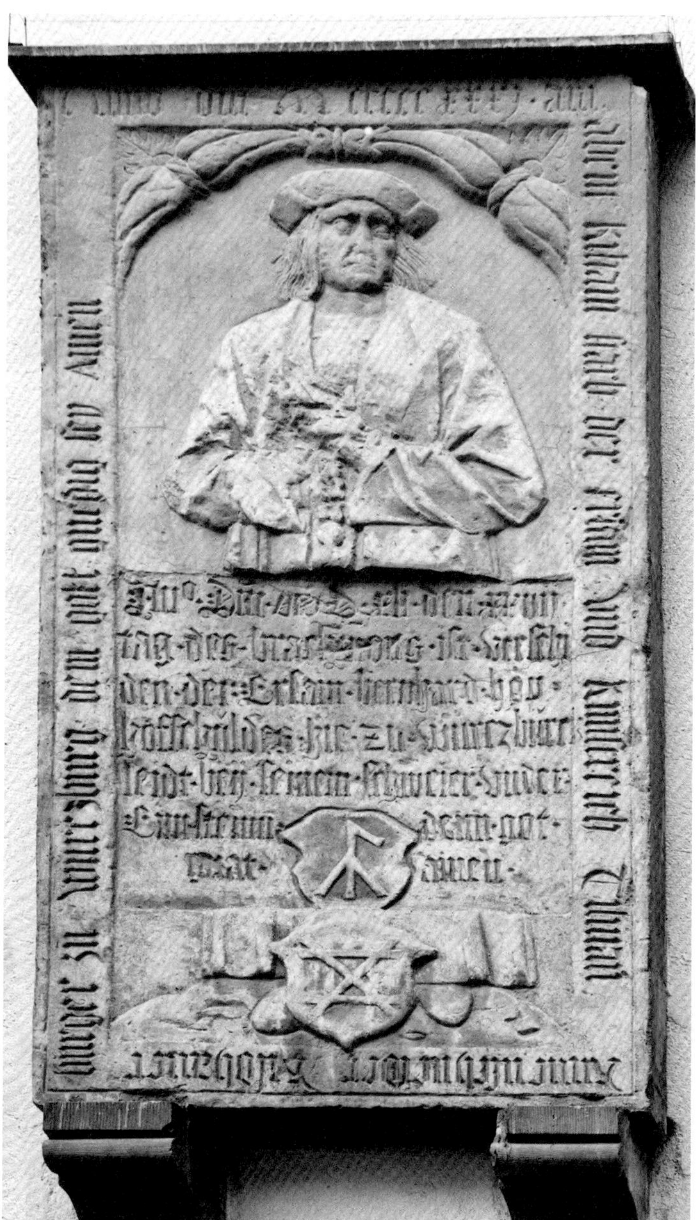

lingen widerfahren sein. Selbstverständlich wurde Tilman Riemenschneider – wie die anderen neun angeklagten Ratsmitglieder und der Stadtschreiber Martin Cronthal – auch seines Ratsherrenamtes enthoben. Seine Ehefrau Margaretha und sein Sohn Jörg, der die Werkstatt weiterführen konnte, werden sich um ihn gekümmert haben, denn er war körperlich zweifellos sehr angeschlagen. Ob er seelisch gebrochen war, lässt sich nicht mit letzter Sicherheit sagen; aber sein Leben hatte sich gewiss von Grund auf geändert. Er hatte in den Wochen seiner Haft immer darauf gefasst sein müssen, hingerichtet zu werden.

Belegt ist, dass Riemenschneider 1527 für die Niederlassung der Benediktinerinnen in Kitzingen handwerklich tätig war, um in der Klosterkirche die von ihm in glücklicheren Tagen geschaffenen Altäre zu erneuern, die während des Bauernkriegs Schaden genommen hatten. Ein ganz neues Werk von ihm ist aus der Zeit nach dem Krieg nicht bekannt. Potenzielle Auftraggeber werden sich von einem Verfemten, als der er nun angesehen wurde, distanziert haben. Überdies traf seine letztlich veraltete Kunst auf keine Nachfrage mehr, denn der Renaissance-Stil, mit dem sich Riemenschneider kaum befasst hat, war en vogue geworden. Außerdem war die Zeit nicht mehr danach, Großaufträge zu vergeben, denn die finanziellen Mittel waren infolge des Bauernkriegs vielerorts knapp geworden. Nicht jeder verfügte über Rücklagen. Und den reformatorischen Kirchengemeinden stand der Sinn ohnehin nicht nach Heiligendarstellungen.

Als Tilman Riemenschneider am 7. Juli 1531 starb, war er bereits vergessen. Vielleicht ist auch deswegen nicht allzu viel aus seinem Leben überliefert. Selbst seine Ruhestätte auf dem Domfriedhof kannte bald niemand mehr. Er lebte nur in seinen Meisterwerken fort. Und womöglich wäre es so geblieben, wenn nicht im Jahr 1822 seine Grabplatte bei Bauarbeiten auf dem ehemaligen Friedhof am Dom gemeinsam mit anderen Grabsteinen in einer Grube entdeckt worden wäre. Erst mit diesem überraschenden Fund begann das Interesse an »Meister Til« wieder zu wachsen. Diese Platte aus rötlichem Sandstein hatte der Bildhauermeister Jörg Riemenschneider (gest. um 1570) für seinen Vater gefertigt. Eine genaue Kopie ist an der Außenwand des Würzburger Doms (Kiliansplatz) angebracht. Das Original ist wiederum im Mainfränkischen Museum zu sehen – das Porträt eines aufrechten Mannes in bürgerlicher Tracht.

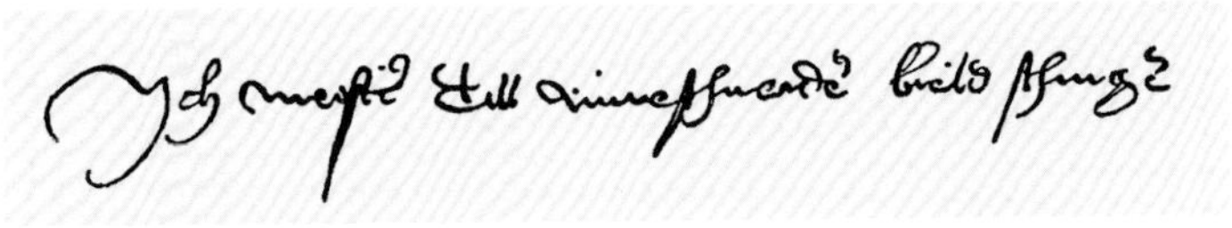

Die Unterschrift Tilman Riemenschneiders: »Ich, Meister Dill Riemenschneider, Bildschnitzer«

Zeittafel

um 1460	Tilman Riemenschneider wird in Heiligenstadt (Eichsfeld) geboren
1478/79	Wahrscheinlich erster Aufenthalt in Würzburg; danach Wandergeselle
1483	Geselle in Würzburg; Mitglied der Lukasbruderschaft
1485	Erste Ehe mit Anna Schmidt (gest. 1494); Bürger in Würzburg; Meisterwürde; Bezug des Hofs »Zum Wolfmannsziechlein«
1490	Magdalenenaltar für St. Maria Magdalena, Münnerstadt
1491	Figuren Adam und Eva an der Marienkapelle, Würzburg
1496	Epitaph des Fürstbischofs Rudolf von Scherenberg im Kiliansdom, Würzburg
1497	Zweite Ehe mit Anna Rappolt (gest. 1506/07)
1499	Kaisergrab im Bamberger Dom, 1513 fertiggestellt
um 1500	Kreuzaltar für das Dominikanerinnenkloster in Rothenburg (heute in Detwang)
1501	Heiligblutaltar für St. Jakob, Rothenburg
1504	Berufung ins Würzburger Ratskollegium; dort bis 1525
1505	Marienaltar für die Herrgottskirche, Creglingen
1508	Dritte Ehe mit Margarethe Wurzbach (gest. vor 1520)
1509	Erste Berufung in den Oberen Rat der Stadt
1520	Vierte Ehe mit Margaretha (Nachname unbekannt)
1520–21	Bürgermeister in Würzburg
1520	Epitaph des Fürstbischofs Lorenz von Bibra im Kiliansdom, Würzburg
um 1520	Beweinung Christi für die Kirche St. Afra des Zisterzienserinnenklosters, Maidbronn
1521	Maria im Rosenkranz für die Wallfahrtskirche Maria im Weingarten bei Volkach
1525	Bauernkrieg in Würzburg; Sympathisant der Bauern; auf der Festung Marienberg inhaftiert und gefoltert
1527	Reparatur an Altären in der Kirche der Benediktinerinnen, Kitzingen
1531	7. Juli: Riemenschneider stirbt in Würzburg; er wird auf dem Friedhof der Dompfarrei beigesetzt
1822	Wiederauffindung seiner Grabplatte

Werke (Auswahl)

Epitaph des Ritters Eberhard von Grumbach (Sandstein, nach 1487; St. Peter u. Paul, Rimpar)
Apostelabschiedsaltar (Lindenholz, vor 1490; Allerheiligenkirche, Kleinschwarzenlohe)
Maria mit Kind (Sandstein, um 1490; Neumünster, Würzburg)
Magdalenenaltar (Lindenholz, 1490–92; St. Maria Magdalena, Münnerstadt; Originale teilw.: Bayer. Nationalmuseum, München u. Staatl. Museen, Berlin)
Adam und Eva (Sandstein, 1492/93; Marienkapelle, Würzburg; Originale: Mainfränkisches Museum)
Epitaph des Fürstbischofs Rudolf von Scherenberg (Marmor, 1496–99; Dom, Würzburg)
Kaisergrab (Marmor, 1499–1513; Dom, Bamberg)
Epitaph des Konrad von Schaumberg (Sandstein, 1500–um 1502; Marienkapelle, Würzburg)
Heiligblutaltar (Lindenholz, 1501–05; St. Jakob, Rothenburg o. d. Tauber)
Epitaph der Dorothea von Wertheim (Sandstein, 1503–05; St. Peter u. Paul, Grünsfeld)
Kreuzaltar (Lindenholz, um 1505–08; St. Peter u. Paul, Detwang)
Marienaltar (Lindenholz, 1505–10; Herrgottskirche, Creglingen)
Ratstisch (Marmor, 1506; Mainfränkisches Museum, Würzburg)
Epitaph der Elisabeth von Stiebar (Sandstein, um 1508; St. Bartholomäus, Buttenheim)
Chorbogenkruzifix (Lindenholz, 1516; St. Nikolaus u. Katharina, Steinach a. d. Saale)
Epitaph des Fürstbischofs Lorenz von Bibra (Marmor, um 1516–22; Dom, Würzburg)
Madonna im Rosenkranz (Lindenholz, 1521–24; Maria im Weingarten, Volkach)
Beweinung Christi (Sandstein, um 1520–23; St. Afra, Maidbronn)

Museen

Eine sehr große Riemenschneider-Sammlung befindet sich im
MAINFRÄNKISCHEN MUSEUM
Festung Marienberg
97082 Würzburg
Tel. 0931 / 205 94 0
www.mainfraenkisches-museum.de
April–Okt., Di–So 10–17 Uhr
Nov.–März, Di–So 10–16 Uhr

Weitere Museen mit Riemenschneider-Kunstwerken:

BAYERISCHES NATIONALMUSEUM
Prinzregentenstraße 3
80583 München
Tel. 089 / 21 12 40 1
www.bayerisches-nationalmuseum.de
Di–So, 10–17 Uhr, Do 10–20 Uhr

BODE-MUSEUM
(Staatliche Museen Berlin)
Skulpturensammlung
Am Kupfergraben
10117 Berlin
Tel. 030 / 266 42 42 42
www.smb.museum/museen-und-einrichtungen/bode-museum/home.html
Di–So, 10–17 Uhr, Do 10–20 Uhr

GERMANISCHES NATIONALMUSEUM
Kartäusergasse 1
90402 Nürnberg
Tel. 0911 / 13 31 0
www.gnm.de
Di–So 10–18 Uhr, Mi 10–21 Uhr

LANDESMUSEUM WÜRTTEMBERG
Altes Schloss
Schillerplatz 6
70173 Stuttgart
Tel. 0711 / 89 535 111
www.landesmuseum-stuttgart.de
Di–So u. Feiertage 10–17 Uhr

MARTIN-VON-WAGNER-MUSEUM
Gemäldegalerie
Residenz Würzburg
Residenzplatz
97070 Würzburg
Tel. 0931 / 31 822 88 (Kasse)
www.uni-wuerzburg.de/museum
Di–Sa 10–13.30 Uhr

MUSEUM AM DOM TRIER
(Bischöfliches Dom- und Diözesanmuseum Trier)
Bischof-Stein-Platz 1
54290 Trier
Tel. 0651 / 71 05 255
www.bistum-trier.de/museum
Di–Sa 9–17 Uhr,
So u. Feiertage 13–17 Uhr

Stadtmuseum in Osterode am Harz:

MUSEUM IM RITTERHAUS
Rollberg 32
37520 Osterode am Harz
Tel. 0 55 22 / 91 97 93
www.museum.osterode.de
Di–Fr 10–13 u. 14–17 Uhr,
Sa u. So 14–17 Uhr

Bildnachweis

akg-images: 16/17 (historic-maps), 69
Bayerische Staatsbibliothek, München: 82 (Rar. 1677#Beibd.4, Titelblatt)
Bildarchiv Foto Marburg: 33
Bildarchiv Preußischer Kulturbesitz: 52 (Konrad Gundermann)
Fotolia: 72 (Foto: Uwe Graf)
http://commons.wikimedia.org: 22, 42, 85, 91, 103, 107
http://commons.wikimedia.org | CSvBibra (CC BY-SA 3.0): 18, 65, 66
http://commons.wikimedia.org | Dr. Volkmar Rudolf (CC BY-SA 3.0): 74
http://commons.wikimedia.org | Warburg (CC BY-SA 3.0): 77
Mainfränkisches Museum, Würzburg: 61, 111 (beide Fotos: Ulrich Kneise)
Nach Marianne Erben, Meister Til aus der Franziskanergasse, 6. veränderte Auflage, Würzburg 1996: 51
Nach Max H. von Freeden, Tilman Riemenschneider. Leben und Werk, München [5]1981: 8, 24, 47, 113
Pixelio.de | H. E. Balling: 28
ullstein bild: 92
ullstein bild | imagebroker.net/Martin Siepmann): 39, 98

Umschlagmotive: vorne: mutmaßliches Selbstporträt Riemenschneiders am Creglinger Marienaltar (Aufnahme: Landeskirchliches Archiv, Stuttgart); hinten: Würzburg im Jahr 1490. – Kolorierter Stich (Ausschnitt) von Michael Wohlgemut aus dem »Liber Chronicarum« von Hartmann Schedel, 1493 (Aufnahme: akg-images | historic-maps).

Literatur (Auswahl)

Die *Bibelzitate* wurden, sofern es nicht anders vermerkt ist, der Einheitsübersetzung der Heiligen Schrift entnommen.

BAXANDALL, Michael: Die Kunst der Bildschnitzer. Tilman Riemenschneider, Veit Stoß u. ihre Zeitgenossen, [4]München 2004.

BÉGUERIE-DE PAEPE, Pantxika / LORENTZ, Philippe u. a.: Grünewald und der Isenheimer Altar. Ein Meisterwerk im Blick. Musée d'Unterlinden, 8. Dezember 2007–2. März 2008, Paris 2007.

BIER, Justus: Tilman Riemenschneider, Bd. 1: Die frühen Werke, Würzburg 1925; Bd. 2: Die reifen Werke, Augsburg 1930; Bd. 3: Die späten Werke in Stein, Wien 1973; Bd. 4: Die späten Werke in Holz, Wien 1978.

BLICKLE, Peter: Der Bauernkrieg. Die Revolution des Gemeinen Mannes, [4]München 2012.

CONTI, Flavio: Wie erkenne ich Gotische Kunst? Architektur, Skulptur, Malerei, Augsburg 1999.

DERS.: Wie erkenne ich Renaissance Kunst? Architektur, Skulptur, Malerei, Augsburg 1999.

DETTELBACHER, Werner: Würzburg – ein Gang durch seine Vergangenheit, [2]Würzburg 1984.

Die Elsässische ›Legenda aurea‹. Hrsg. v. der Forschungsgruppe »Prosa des deutschen Mittelalters«. 3 Bd. (Texte u. Textgesch., Bd. 3–5), Tübingen, Bd. 1: Das Normalcorpus, 1980; Bd. 2: Das Sondergut, 1983; Bd. 3: Die lexikalische Überliefungsvarianz. Register. Indices, 1990.

ENGEL, Evamaria / JACOB, Frank-Dietrich: Städtisches Leben im Mittelalter. Schriftquellen u. Bildzeugnisse, Köln, Weimar u. Wien 2006.

ERBEN, Marianne: Meister Til aus der Franziskanergasse, [6]Würzburg 1996.

FREEDEN, Max H. von: Tilman Riemenschneider. Leben und Werk, [5]München 1981.

GRÄTER, Carlheinz: Der Bauernkrieg in Franken, Tauberbischofsheim 1999.

Handbuch der bayerischen Geschichte. 3. Bd., 1. Teilbd. Gesch. Frankens bis zum Ausgang d. 18. Jh. Begr. v. Max Spindler. Neu hrsg. v. Andreas Kraus, [3]München 1997.

Handbuch der Historischen Stätten. Bayern II. Franken. Hrsg. v. Hans-Michael Körner u. Alois Schmid, Stuttgart 2006 (Kröners Taschenausg., Bd. 325).

HARTMANN, Peter W.: Das große Kunstlexikon, Neumarkt a. Wallersee 1996.

KIRSCH, Hans-Christian: Tilman Riemenschneider. Ein deutsches Schicksal, München 1981.

KOLB, Peter / KRENIG, Ernst-Günter (Hg.): Unterfränkische Geschichte. Bd. 2. Vom hohen Mittelalter bis zum Beginn d. konfessionellen Zeitalters, Würzburg 1992.

DIESS. (Hg.): Unterfränkische Geschichte. Bd. 3. Vom Beginn d. konfessionellen Zeitalters bis zum Ende d. Dreißigjährigen Krieges, Würzburg 1995.

LENSSEN, Jürgen (Hg.): Tilman Riemenschneider. Werke seiner Glaubenswelt, Regensburg 2004 (Katalog zur gleichnamigen Ausst., Bd. 2).

LICHTE, Claudia (Hg.): Tilman Riemenschneider. Werke seiner Blütezeit, Regensburg 2004 (Katalog zur gleichnamigen Ausst., Bd. 1).

LINDEMANN, Gottfried / BOEKHOFF, Hermann: Lexikon der Kunststile, Bd. 1: Von der griechischen Archaik bis zur Renaissance, Reinbek 1984 [rororo Handbuch].

MEURER, Heribert / WESTHOFF, Hans (Hg.): Christus im Leiden. Kruzifixe u. Passionsdarst. aus 800 Jahren. Katalog zur Ausst. im Württembergischen Landesmuseum Stuttgart, Stuttgart 1985.

MOSER, Peter: Würzburg. Gesch. einer Stadt, Bamberg 1999.

MUNK, Dieter: Die Ölberg-Darstellungen in der Monumentalplastik Süddeutschlands. Untersuchung u. Katalog, Erlangen 1968 [Dissertation].

MÜNKLER, Herfried u. Marina: Lexikon der Renaissance, München 2000.

MUTH, Hanswernfried / OHMAYER, Alfons u.a.: Riemenschneider in Franken, Königsstein i. Taunus 1996.

MUTH, Hanswernfried / SCHNEIDERS, Toni: Tilman Riemenschneider. Bildschnitzer zu Würzburg, Würzburg 2004.

NORTH, Michael: Kleine Geschichte des Geldes. Vom Mittelalter bis heute, München 2009 (beck'sche reihe).

OSIANDER, Wolfgang: Die Reformation in Franken. Andreas Osiander und die fränkischen Reformatoren, [2]Gunzenhausen 2009 (Reihe Fränkische Gesch., Bd. 14).

RIEPERTINGER, Rainhard / BROCKHOFF, Evamaria u. a. (Hg.): Das Rätsel Grünewald. Katalog zur Bayer. Landesausst. 2002/03, Schloss Johannisburg, Aschaffenburg, Augsburg 2002.

ROSER, Hans: Franken und Luther. 50 Portraits, München 1996.

SCHEELE, Paul-Werner / SCHNEIDERS, Toni: Tilman Riemenschneider. Zeuge der Seligkeiten, Würzburg 1981.

SCHÜBEL, Albrecht: Das Evangelium in Mainfranken. Geschichte einer Diaspora, München 1958.

SCHULZ, Knut: Handwerk, Zünfte und Gewerbe. Mittelalter u. Renaissance, Darmstadt 2010.

SEIBECKE, Wilfried: Die Personennamen im Deutschen, Berlin u. New York 1982.

SINZ, Herbert: Lexikon der Sitten und Gebräuche im Handwerk, Freiburg i. Br. 1986 (Herderbücherei, Bd. 1263).

SUCKALE, Robert: Die Erneuerung der Malkunst vor Dürer, 2 Bd., Petersberg 2009 [Anm. in Bd. 2].

TÖNNIES, Eduard: Leben und Werke des Würzburger Bildschnitzers Tilman Riemenschneider. 1486–1531, Straßburg 1900 (Studien z. dt. Kunstgesch., Heft 22).

TRIPPS, Manfred: »Multscher, Hans«, in: Neue Deutsche Biographie, Bd. 18, Berlin 1997, S. 576–577.

WAAS, Adolf: Die Bauern im Kampf um Gerechtigkeit 1300–1525, München 1964.

WEISS, Elmar: Der Pfeifer von Niklashausen, Osterburken 1984.

Bibliografische Information der Deutschen Nationalbibliothek
Die Deutsche Nationalbibliothek verzeichnet diese Publikation in der Deutschen Nationalbibliografie; detaillierte bibliografische Angaben sind im Internet über http://dnb.d-nb.de abrufbar.

ISBN 978-3-7917-2559-8

Umschlaggestaltung: Martin Veicht, Regensburg
Satz: Vollnhals Fotosatz, Neustadt a. d. Donau
Druck und Bindung: Friedrich Pustet, Regensburg
Printed in Germany 2014

Diese Publikation ist auch als eBook erhältlich:
eISBN 978-3-7917-6012-4 (epub)

Weitere Publikationen aus unserem Programm finden Sie auf www.verlag-pustet.de
Kontakt und Bestellungen unter verlag@pustet.de